盛世中兴

系列丛书

元和中兴

唐

张立 著

西 安 出 版 社

西安曲江出版传媒股份有限公司

图书在版编目（CIP）数据

盛世中兴·元和中兴 / 张立著.—西安：西安出版社，2016.12（2019.2重印）

ISBN 978-7-5541-1957-0

Ⅰ.①盛…　Ⅱ.①张…　Ⅲ.①中国历史—唐代—通俗读物

Ⅳ.①K209

中国版本图书馆CIP数据核字（2017）第005793号

盛世中兴系列丛书
Shengshi Zhongxing Xilie Congshu

元　和　中　兴
Yuanhe Zhongxing

著　　者：张　立
出品人：屈炳耀
策划编辑：史鹏钊
责任编辑：范婷婷　崔　楠
责任校对：张爱林　陈　辉　张忝甜
装帧设计：朱小涛　纸尚图文设计
责任印制：宋丽娟
出　　版：西安出版社
电　　话：(029)85253740
邮政编码：710061
发　　行：西安曲江出版传媒股份有限公司
　　　　　（西安曲江新区雁南五路1868号影视演艺大厦14层
　　　　　11401、11402室）
印　　刷：三河市腾飞印务有限公司
开　　本：880mm×1230mm　1/32
印　　张：10.75
字　　数：155千
版　　次：2017年4月第1版
印　　次：2019年2月第3次印刷
书　　号：ISBN 978-7-5541-1957-0
定　　价：32.00元

总序

中国是世界四大文明古国之一。在世界四大文明古国中，巴比伦早已消失，埃及和印度也经历了巨大的衰变，唯独中国文明长期传承、辉煌灿烂。中国文明之所以能够长期延续，主要是因为自身具有强大的修复能力，在出现衰落时能够实现"中兴"。

在数千年的历史岁月中，中国曾出现过一些"治世"或"盛世"，如"成康之治""文景之治""开元盛世"

等。这些"治世"或"盛世"都经历了一个良性发展的过程。西周的强盛在武王时期已奠定基础，经过"成康之治"达到极盛。西汉的强盛奠基于高祖时期，经文景之治，到武帝时达到顶峰。唐代的"盛世"始于贞观时期，到开元、天宝年间达到巅峰。西周前期的强盛体现了王制时代高度发达的礼乐文明。西汉的强盛为统一的、多民族的、中央集权的帝制国家的发展奠定了坚实的基础。唐代的"盛世"使中国的帝制走向了空前的繁荣。但令人遗憾的是，这些"治世"或"盛世"最终都无一例外地走向衰落。自然因素对"治世"或"盛世"的衰落虽有一定影响，但并不是主要原因。创业难，守成更难。统治者在"治世"或"盛世"中容易失去创业精神和忧患意识，贪图享乐、不思进取，导致政策失误、吏治腐败，积重难返，这往往是"治世"或"盛世"衰落的主要原因，而战争和动乱则对"治世"或"盛世"的衰落起到了加速的作用。

虽然中国古代的"治世"或"盛世"都曾出现过衰落，但好在兴衰的关键不在于天命，而在于人事。每当"治世"或"盛世"出现衰落迹象，总有一些有识之士致力于"中兴"的事业。

中兴，就是王朝衰落时的中途振兴，是国力的恢复与更高层次的发展。南宋学人王观国在其著作《学林·中兴》中对"中兴"一词有详细的解释："中兴者，在一世之间，因王道衰而有能复兴者，斯谓之中兴。"中兴可以视为力挽狂澜，是跌入低谷后的重新崛起与升华。"山重水复疑无路，柳暗花明又一村"，这种通过中兴才能得来的新境界往往让人叹为观止。

中国历史上的各个朝代，开国之君常有，而中兴之主不常有，因此所谓的中兴在历史上也并不多见。夏有少康中兴，商有武丁中兴，可惜史料阙如；东汉的光武中兴声名较响，但其实是一场重新建国；宋、明都有孝宗中兴，宋孝宗"乾淳之治"偏安一隅，明孝宗"弘治中兴"昙花一现；清代更有皇权专制社会最后一个中兴——同光中兴，但也只是在内忧外患中的回光返照，史家多所粉饰的虚假盛世。而西周宣王、西汉的昭宣、唐代的宪宗都是在大一统王朝的发展中途，因国家的政治危机而推行新改革，这三次中兴都使得国力再次飞跃，国家一度走向鼎盛繁荣。

西周的成康盛世因厉王乱政而衰落，其后出现了"宣王中兴"，《诗·大雅·烝民序》说宣王时期"任贤使能，周室中兴焉"，宣王的一系列改革使他成为春秋战国变法改制运动的先行者；西汉盛世在汉武帝晚年衰落后因昭帝和宣帝推行休养生息的重大国策、励精图治，从而出现了"昭宣中兴"的局面，对于这个时代刘向称赞道"政教明，法令行，边境安，四夷亲，单于款塞，天下殷富，百姓康乐，其治过于太宗（汉文帝）之时"，与此同时，汉人更是喊出了"明犯强汉者，虽远必诛"的时代强音；唐代的开元盛世因安史之乱走向衰落，其后在唐宪宗的奋发有为下"中外咸理，纪律再张"，实现了"元和中兴"的一统大治局面，为大唐帝国续命近百年之久。

这些中国历史上的中兴，是大国走向崛起的关键。一代盛世不仅要靠一个英明君主的夙夜不懈，还要勇于修正，在经验与教训中坚持不懈。中兴的实现殊为难得，学界却少有关注，不能不说是一种遗憾。

这些"中兴"对于中国古代王朝的延续和社会的发展具有十分重要的意义。过去，学术界对"治世"或"盛世"的研究较多，但对"中兴"问题重视不够，因而社会大众对"治世"或"盛世"比较关注，而对"中兴"缺乏了解，这是中国历史观的断层和缺陷。

事实上，"中兴"也是十分重要的。当"治世"或"盛世"衰落时，古人是怎样应对的，他们采取了哪些措施，收到了怎样的效果，有什么经验和教训？诸如这些问题，都值得我们进行深入思考。

西安曲江出版传媒股份有限公司推出的这套中国古代"中兴"书系，包括《宣王中兴》《昭宣中兴》《元和中兴》三部著作，比较系统地论述了中国古代的"中兴"大事。这套书从文明史观出发，用现代视角考察古代"中兴"问题，娓娓道来，如数家珍。尽管作者的学术背景各不相同，但图书风格基本一致，都做到了图文并茂、通俗易懂，相信广大读者可以轻松阅读，并有所感悟。历史的通俗表达，需要一大批这样的书籍。利用多种平台的宣传推广，这个系列是个好的开端与尝试。

"九天阊阖开宫殿，万国衣冠拜冕旒"，周秦汉唐盛世虽然已经走远，但文脉犹存，雄风烈烈。众所周知，西安这座世界古都承载着周秦汉唐的衣冠文物，渗透着周秦汉唐盛世开放、包容、自信的民族血液，中华文化的道统在西安，寻找中华民族的文化自信要从这座城市启程。要

实现中华民族的伟大复兴，从历史上的中兴时期寻找历史

经验和教训，无疑是有重要意义的大事情。

　　是为序。

王双怀

（历史学专家，陕西师范大学教授，武则天研究会会长）

2016 年 11 月 16 日

第三章

元和二年：再平镇海军

第一节　鹰派宰相

第二节　李锜败亡

第三节　元白登场

第四章

元和三年：沙陀族归唐

第一节　策试风波

第二节　沙陀归唐

第三节　大唐边事

081　077　075　　　　073　　　　　066　059　053　　　　051

目 录

第一章

永贞元年：一年三皇帝

第一节　唐德宗：积弊丛生

第二节　唐顺宗：永贞革新

第三节　唐宪宗：中兴之梦

第二章

元和元年：发威平西川

第一节　杜黄裳主战

第二节　高崇文入蜀

第三节　平卢淄青镇

046　039　033　　　031　　　　024　015　003　　　001

第七章　元和六年：二李同辅政

第一节　李吉甫用政

第二节　李绛诤谏

第八章　元和七年：魏博终归顺

第一节　中兴半途

第二节　立储风波

第三节　魏博归来

146　143　139　　137　　　132　127　　125

第五章

元和四年：吐蕃也请和

第一节　吐蕃请和

第二节　整顿吏治

第三节　发兵成德

第六章

元和五年：成德初受挫

第一节　陷入僵局

第二节　无功而返

118　113　　　111　　　　100　096　091　　　089

第十一章
元和十年：长安演悲情

第一节 武元衡遇刺

第二节 裴度拜相

第三节 再别长安

第十二章
元和十一年：复讨王承宗

第一节 河南河北

第二节 贬相换将

第三节 诗鬼李贺

229　224　219　　　217　　　206　198　189　　　187

第九章　元和八年：文坛襄盛事

第一节　《元和郡县志》 …… 155

第二节　老杜归来 …… 157

第三节　古文运动 …… 160

第四节　元和诗体 …… 163

第十章　元和九年：淮西起战云

第一节　公主出嫁 …… 170

第二节　淮西风云 …… 175

177　181

第十五章

元和十四年：平定淄青镇

第一节　谏迎佛骨

第二节　刘悟倒戈

第三节　反击陇右

第四节　文星陨落

第十六章

元和十五年：天子突驾崩

第一节　暴毙疑云

279　　281　290　298　301　　305　　307

第十三章

元和十二年：李愬入蔡州

第一节　李愬用计

第二节　裴度出征

第三节　奇袭蔡州

第十四章

元和十三年：讨伐李师道

第一节　震慑诸藩

第二节　讨伐淄青

第三节　鲜克有终

274　270　263　　　261　　　　251　246　235　　　233

第二节　穆宗游乐

第三节　元和余威

后记

322　　　　315　312

第一章

永贞元年

一年三皇帝

第一节　唐德宗：积弊丛生

大唐贞元二十一年（805年），八月又改为永贞元年，这一年从第一天开始，就注定是不平静的一年。

大年初一的长安城沉浸在春节团圆喜庆的气氛之中，皇室作为最大的家族，当然要与民表率，团聚一起。各亲王与皇亲国戚在大明宫入贺唐德宗李适，但最应该来的人却没有来，那就是太子李诵。太子一向谨小慎微，唯恐被父皇责怪，他没来当然是因为实在来不了，3个月前他就得了中风，卧病在床，甚至连说话的能力都丧失了。

德宗本已有恙，闻此更是悲伤不已，涕泣悲叹，终于也病倒了，一天比一天严重。一连20多天，宫内外音信不通，大臣和民间都不知道皇帝和太子到底怎样了，这个春节过得太不让人省心了。

正月二十三日（本书日期均为农历），内宫传来消息，德宗驾崩了，享年64岁。他是抱恨而终的，死前应该会为没有善待太子而歉疚吧？

唐德宗做了26年皇帝，实在是当得太久了，中唐以后的朝政积弊，大多肇始于他统治的时期。

德宗李适是代宗李豫的长子。他的少年时代，正是唐玄宗开元、天宝时期的盛世。天宝十四载（755年）十一月，身兼三镇节度使的安禄山发动本部兵以及同罗、奚、契丹、室韦等番部共十八万军队，在范阳起兵，安史之乱爆发，这一年他13岁，无忧无虑的岁月戛然而止。第二年六月，玄宗和皇子皇孙连夜仓皇逃出长安，多数朝廷官员和皇亲内眷都不知情，未及逃走，便被随后攻破长安的叛军劫掠至东都洛阳，其中就包括李适的生母沈珍珠。他从此再没有见过母亲，终其一生都在寻找母亲的下落。

宝应元年（762年）他的父亲唐代宗李豫即位，持续了7年的安史之乱也接近尾声，代宗委任20岁的李适为天下兵马元帅，当然真正指挥战斗的还是副元帅仆固怀恩以及郭子仪、李光弼。这一年，他作为名义上的元帅，率军与回纥军队在陕州会合，商讨共同讨伐叛军。

大唐因安史之乱实力严重削弱，不得不请求回纥出兵，代宗为此与回纥可汗约为兄弟。李适与随行官员会见回纥可汗时，可汗责怪李适作为侄辈没有向自己行拜舞礼，随行唐朝官员则认为大唐储君不能向可汗行礼，回纥人发怒鞭打随行官员，导致其中二人重伤而死。此事对青年李适刺激很大，他始终记着当年回纥人对他的侮辱，在心中攒着一股劲要中兴大唐，重新找回大唐帝国的尊严。

第二年叛乱终于平定。安史之乱使得全国人口损失超过2/3，大唐从此由盛转衰。吐蕃、回纥趁机将唐朝势力从西域赶了出去，河湟之地也为吐蕃夺取。唐朝的藩镇数量从战前的10个迅速增加到了战后的40多个，唐代前期的"强干弱枝"（强中央、弱地方）政策变成了"弱干强枝"，藩镇不断坐大，违抗中央之举接连不断。

平乱后，李适因功拜为尚书令。广德二年（764年）正月，李适被立为皇太子；15年后即位为皇帝，这一年，他刚刚37岁，正是年富力强的时候。即位初期，他励精图治，大有作为，但真正要中兴，必然容不得割据势力。第二年，他就雄心勃勃要解决安史之乱的后遗症——藩镇割据。

安史之乱中，朝廷为了分化强大的安史叛军、早日平叛，不惜招抚叛军中的降将如李怀仙、田承嗣、李宝臣等，即便最后取得了胜利，安禄山大本营的河北诸镇军力仍然强大。如果真的要将其消灭，恐怕还将旷日持久，所以依副元帅仆固怀恩之计，就地分封节度使，让降将们仍旧统率其旧部。于是，安史旧将田承嗣据魏博节度使、李宝臣（奚族）据成德节度使、李怀仙（奚族）据幽州节度使，这三个藩镇即河北三镇，亦称河朔三镇。仆固怀恩于降将有恩，此举有引贼自重之意。安史之乱后，朝廷与战将之间的信任关系本就脆弱，此举更让朝廷生疑，终于逼反了仆固怀恩，怀恩引回纥、吐蕃大军两度入寇，被郭子仪等艰难击退。

仆固怀恩暴疾而卒后，河北三镇更是与中央离心离德，无所顾忌。虽然他们之间也时有矛盾互相攻伐，但在维护河北现状、不服朝廷管束方面则步调一致，互为奥援。他们手握重兵，财赋自征，官员自派，不向朝廷进缴贡赋，不受中央征发，俨然国中之国。又因胡汉杂居，人民重武轻文，不开科举，当兵似乎成了仕途首选，人称河北多骄兵悍民。代宗曾在大历十年（775年）和十一年（776年）两度讨伐对抗朝命的田承嗣，却因河北藩镇怀有异心，无功而返。

拥兵自重的不仅是节度使，节度使之下的亲兵、牙将往往也成为左右乱局的重要力量，杀帅夺印后往往还得到朝廷认可，因此忠诚是稀缺之物，叛服无常才是常态。朝廷为了让他们守卫边疆、不背叛中央，不是嫁公主，就是给他们加使相（遥兼宰相）或三公官衔，加以笼络。

除了河北三镇，割据的还有淄青、淮西两个藩镇，前者为东北平卢军渡海南下到山东的高句丽武人集团（侯希逸、李正己）所控制，后者为平卢军中南下淮西的胡化汉人集团（李忠臣、李希烈）所统治。平卢是玄宗开元年间设置的十大藩镇之一，治所位于营州（今辽宁朝阳），是大唐东北的屏障、安禄山和史思明的大本营。但留守营州的平卢军人却选择了响应朝廷、讨伐叛军，结果被史思明率军击败，北方蛮族趁机吞并平卢领地，内忧外患之下，李忠臣（原名董秦）带领 3000 余人从渤海渡海南下，协助收复山东、河南等地，后被任命为淮西节度使，这就是淮西割据的来历。另一支 2 万余人的平卢军主力在侯希逸、李正己率领下也渡海到山东（淄青），开辟了讨伐叛军的根据地，这就是平卢军割据淄青的来历，因此淄青也被称为平卢。

当然，原属于东北平卢故地的大片国土都丧失了，只有卢龙军驻地卢龙（也称平州）还在，后来纳入了幽州镇的管辖范围，这也是幽州节度使后来改称卢龙节度使的原因。

淮西和淄青都属于平卢军的势力，当年甘冒危险脱离安史叛军并与之英勇作战，结果平乱后朝廷却任命安史旧将继续统治河北三镇，而且不受朝廷约束，平卢军将领心中怎么想？叛军都可以这样，立过大功的平卢军为什么不行？于是也仿效河朔世代割据起来。

另外，有割据苗头的还有山南东道、朔方、夏绥、镇海、昭义及剑南西川等藩镇，一些节度使以及地方刺史，甚至终身都不入朝。

河北三镇互相勾结，想要确保各自家族在当地的世代

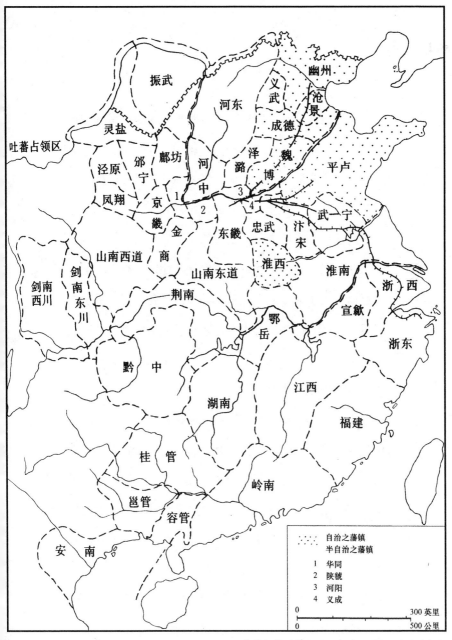

振武

吐蕃占领区

灵盐

邠宁

泾原

凤翔

鄜坊

河东

义武

幽州

沧景

成德

魏

平卢

泽潞

博

河中

京畿

金商

山南西道

剑南东川

剑南西川

东畿

山南东道

忠武

汴宋

淮西

淮南

武宁

浙西

荆南

鄂岳

宣歙

浙东

黔中

江西

湖南

福建

桂管

岭南

邕管

容管

安南

	自治之藩镇
	半自治之藩镇
1	华同
2	陕虢
3	河阳
4	义成

0　　　　　　　　300英里

0　　　　　　　　500公里

藩镇割据形势图（选自《剑桥中国隋唐史》）

009

统治。大历十四年（779 年），魏博节度使田承嗣去世之后，私下传位于过继过来的侄子田悦，成德李宝臣与淄青李正己极力向朝廷提议认可田悦为魏博节度使，病中的唐代宗无奈答应了请求，开了河朔故事的先例。

两年后李宝臣去世，田悦和李正己又向新皇帝德宗请求让李宝臣之子李惟岳继任节度使，德宗没有答应，他不愿意让父死子继成为河北三镇的惯例。有人提醒说李惟岳继承其父势力已经成为事实，如果不顺水推舟让他即位，将来肯定会引出祸乱。德宗认为如果答应了他们的请求，将来他们必定会得寸进尺。

建中二年（781 年）五月，魏博镇田悦与成德镇李惟岳、淄青镇李正己、李纳（李正己忧惧而死后，其子李纳谋求袭位）、山南东道梁崇义联合反叛，不久便兵败困守魏州。谁知德宗封赏失当，引起出兵有功的幽州卢龙节度使朱滔（朱希彩、朱泚、朱滔合谋杀李怀仙后相继为节度使）和杀李惟岳投诚的成德大将王武俊的不满，他们反而援助叛军。德宗以藩治藩，派淮西节度使李希烈率军镇压，李希烈在灭掉梁崇义之后，吞并了他的地盘，志骄意满，

受李纳挑唆，于第二年自称天下都元帅，四处攻城抢掠，田悦、王武俊、李纳、朱滔也各自称王。

建中四年（783年），朝廷只好从关内派泾原节度使率军平叛，结果军队雨中过长安时因军饷待遇差而哗变，攻入了长安，德宗狼狈逃往奉天（今陕西乾县）。泾原兵于是拥立做过范阳节度使和泾原节度使的朱泚在长安称帝，国号秦，这就是"泾原兵变"。前面的战争算是在关外混战，唐王朝的京畿之地不受影响；泾原之变却直接从中心开花，使得局面急转直下。

兴元元年（784年）正月，德宗迫于形势，在奉天颁布罪己诏，说自己"失其道""朕实不君……抚御乖方，致其疑惧"，宣布除占据长安称帝的朱泚之外，赦免其他人之罪。分化之举取得了效果，田悦、王武俊、李纳三人去王号表示归顺朝廷。李希烈自恃兵强势盛，反自称帝，建国号楚，前去劝谕的平定安史之乱的功臣颜真卿也被其杀害。朱泚、朱滔兄弟则勾结回纥，要把叛乱进行到底，朱泚还把国号秦改为汉，妄想天长日久，并加紧进攻奉天城，德宗危在旦夕。朔方节度使李怀光率军疾驰奔赴奉天，力挽狂澜，大败叛军，救德宗于将亡，却因德宗及奸相卢杞处理失当，一向并不安分的他便掉头与朱泚联合反叛，德宗狼狈地逃到了梁州（今陕西汉中）。

后在神策军将领李晟与行营副元帅浑瑊的艰难反击下，唐军收回了帝都长安，朱泚被部下所杀。朱滔为昭义节度使李抱真、成德节度使王武俊所败，退回幽州后病死，其表弟、留守刘怦继任节度使。田悦被从弟田绪（田承嗣之子）所杀，田绪形式上归附朝廷，被授为魏博节度使。贞元元年（785年）河东节度使马燧与浑瑊讨伐李怀光，李兵败自杀。贞元二年（786年）李希烈为部将陈仙奇毒死，朝廷授陈仙奇淮西节度使，陈忠于朝廷，不料数月之后，却为别将吴少诚所杀，朝廷后来讨伐未果，吴氏开始割据淮西。

在这场长达7年的叛乱中，朱滔、田悦、王武俊、李纳等四人曾称王，朱泚与李希烈曾称帝，故史称"建中之乱"或"四王二帝之乱"。虽算得上惨胜，但朝廷已元气大伤，为了安抚各藩镇，只能承认他们的既得利益，从此以后割据局面已成定局。

唐德宗的猜忌、冒进和指挥失当，导致长达7年的战争，自己也两次狼狈出奔，还几次下罪己诏，真是颜面尽失，一提就心痛。从此，他的豪情不再，但求得过且过，一味姑息藩镇。河北三镇节度使之位父死子继成了惯例，唐德宗对此一概准奏；杀节度使自立的，也同意授为新节度使。这就开了很坏的风气，形成了历史上所谓的"河朔故事"。其他有割据冲动的藩镇，莫不想行河朔之事。

舞马衔杯纹银壶（现藏陕西省历史博物馆）

这场战争成了德宗矛盾一生的转折点。他起初信任宰相，后来却猜忌大臣；他起初坚定削藩，后来却姑息藩镇；他起初禁止各地进献，后来却大肆聚敛；他起初排斥宦官，后来却让宦官掌握禁军。遗憾的是，这"起初"只有五六年，"后来"却长达二十年。苏辙评价他："常持无常之心，故前勇而后怯"。

缺乏母爱，对大臣不信任，极度缺乏安全感，使得他对权力、财富特别迷恋，即便是太子，他也提防着，恐其威胁自己的帝位。因为在关键时刻（泾原兵变）宦官曾护驾，他就给予宦官更大的掌军权和监军权，开了后世的先例。

第二节 唐顺宗：永贞革新

可想而知，父皇的诸多弊政，当了26年太子的李诵看在眼里，急在心里，内心是多么的压抑。他曾多次向父皇谏言，诸如弃用奸相、疏远宦官，却引起德宗的不满，认为他想笼络天下人心，想早日登基为政。德宗甚至借太子妃萧氏的生母郜国大长公主的事情，杀了太子妃，并准备废掉太子。李诵急得要自杀，多亏宰相李泌劝阻德宗，他才保住了太子位，从此只好韬光养晦，不敢参与政事。

太子李诵禀性宽厚仁和，内心却极有主张，且能文能武。建中之乱中，德宗逃奔奉天，他领兵断后。叛军围困奉天城40余日，城内缺粮少米，士气低落，太子亲自为受伤的士兵包裹伤口，激励将士，于是士卒顿首流涕，人人愿尽死力。他参与指挥守城之战，屡次挫败敌军，还曾亲率大军乘胜出击，大败敌军。

母亲王淑妃逝去后，父子之间渐有嫌隙，加之宦官担心太子上台之后对己不利，常常离间他们父子。想想汉武帝晚年就是因为奸臣离间，导致巫蛊之祸中太子惨死，加上唐代太子普遍并不太好的命运，李诵"压力山大"。20多年来国事日非，他忧心忡忡，身体越来越差，终于得了风疾，再多的名医也束手无策。

德宗驾崩前仓促地召翰林学士郑絪和卫次公入内代拟遗诏。宦官不愿太子继位，说废立之事还未议定，众人都不敢应对。卫次公正色道："太子虽然有疾，但他是嫡长子，且天下归心，一致拥护。就算万不得已，还有嫡皇孙广陵王（李诵长子李纯）。不然，国家必有变乱！"郑絪等人连声附和，议论才定。

太子李诵知道此刻人心忧虑，于是强拖病体，脚蹬麻鞋，出九仙门，召见禁卫军诸军使，人心才略定。没人知道这短短一段路，他使出了多少力气，自己的时代将要来临，他绝对不能错过。隐忍 20 多年，眼看着帝国的大厦根基不稳，自己无能为力，现在机会来了，他要把心中的治国理念一一落实。安史之乱后整整 50 年了，大唐能在自己手中中兴吗？正是这种信念支撑着他，一步步突破身体的极限，第二天他走向宣政殿接见文武百官，第四天走向太极殿登基称帝，是为唐顺宗，这一年他已经 45 岁了。卫士们踮起脚跟伸长脖子，看到龙椅上坐着的真是太子，高兴得都哭了。

二月二十一日，顺宗下诏列举京兆尹、嗣道王李实残忍凶恶、横征暴敛的罪状，贬官远州。长安市民欢呼雀跃。

二月二十四日，顺宗登丹凤门，赦免天下，距德宗上一次大赦已有 12 年了。他还规定百姓所欠政府的各种捐税一律取消，这可是一个相当大的数目。

三月三日，顺宗下诏命德宗时被贬的名臣陆贽、阳城等人归还京城，准备重用，可惜二人在诏书下达前逝世，于是追赠二人极高的荣誉。其他如郑余庆、韩皋等人均得到了朝廷的重用。

顺宗因病无法上朝，不能说话，只能住在宫中，靠宦官李忠言和妃嫔牛昭容传达自己的旨意。顺宗信任东宫旧臣王叔文、王伾等人，二人又引荐刘禹锡、柳宗元、韦执谊、韩泰等人，这个集团以"二王"为核心，一般称为"二王集团"或"二王刘柳"，他们所进行的革新因本年改元为永贞而称为"永贞革新"。

现在我们凭着刘禹锡和柳宗元的文学成就和人格魅力，以及永贞革新的内容，可以知道这个政治团体是具有积极的政治理想的。他们团结在顺宗周围，意欲以一场革新的方式扫除积年弊政，像啄木鸟一样为大唐这棵大树治病，使它重新焕发光彩。

革新集团在最初的几个月雷厉风行、大刀阔斧地实施革新。

首先废除了贪得无厌的"宫市"制度。大家是否还记得白居易的《卖炭翁》"……翩翩两骑来是谁？黄衣使者白衫儿。手把文书口称敕，回车叱牛牵向北。一车炭，千余斤，宫使驱将惜不得。半匹红绡一丈绫，系向牛头充炭直"？该诗的副题就是"苦宫市也"。后来宫市连象征性的那点补偿也没有了，发展成"白望"，采购的宦官看中什么就直接拿走，这简直太过分了。废除宫市，百姓拍手称快。

接着是撤销了捉鸟兽供皇帝赏玩的五坊小儿（皇家五坊差夫）。他们和宫市的太监一样，常常敲诈勒索百姓。这两者都属于宦官主管的范围，他们动了宦官的"奶酪"。

他们废除了德宗时期的"日进""月进"制度，取消盐铁使的每月进贡。德宗贪财好利，外州节度使为了讨好他，不断进贡财货，每日进奉一次的称为"日进"，每月进奉一次的称为"月进"。后来，一些州刺史和幕僚为了升迁发财，也开始效尤。他们趁机中饱私囊、增派赋税，负担最终都转嫁到了老百姓头上，搞得社会上怨声载道。永贞革新废除该项制度，实际上是动了藩镇和外官的"奶酪"。

他们收回了国家的财政权，免除了德宗时恃恩骄奢的浙西观察使李锜兼任的盐铁转运使之职，任命声望崇高的宰相（同平章事）杜佑为总度支兼盐铁转运使、王叔文为副官，这二人其实是实权派。

他们还放还后宫佳丽300人，又放后宫及教坊女伎600人，表明顺宗不是贪图享乐的帝王，大唐宫女迎来了人生的春天。

他们的工作效率极高，很快打造了一个廉洁节俭的政府，重拾民心，一时间，"人情大悦""百姓相聚，欢呼大喜"。因为他们敢于向宦官集团和官僚集团开刀，因此也面临着强大的反对力量。

很快，波折来了。

永贞党人一直想废除德宗时宦官掌控禁军的制度，宦官飞扬跋扈靠的就是手中的神策军。永贞元年（805年）五月，顺宗以右金吾卫大将军范希朝为右神策军统军，以韩泰为行军司马，接管宦官兵权。范、韩二人赴任后，宦官俱文珍下令诸将不得交出兵权，结果无人去二人营帐报到。

永贞党人因互相援引、非正常授官、作风有瑕疵等原因备受争议，王叔文等人的跋扈作风也引起了朝官的不满。一天中午，杜佑、郑珣瑜、高郢、韦执谊四位宰相在中书省一起吃饭，王叔文来找韦执谊，本来宰相吃饭百官不能打扰，值官也告知他此项惯例，他却大为震怒、厉声斥责，值官只好进去报告。韦执谊面红耳赤、赶紧出去，两人在外说话很久。其他三个宰相都停下来等韦执谊回座再吃饭，小吏却来报，说韦执谊和王叔文已经在另一间房里吃饭了。宰相们气得不轻，郑珣瑜说："我怎能再坐在这个座位上！"于是回家不再复出，以罢相抗议。而此前不久，宰相贾耽已经因厌恶"二王"而主动要求退休，王叔文的跋扈可见一斑。后来处理批评朝政的羊士谔和索要权位的刘辟时，王叔文力主杀之，韦执谊则以为不可，由此两人的矛盾也开始加深。

王叔文、王伾出身于南方寒族，又非科举出仕，最初是因为善棋、善书，被授予翰林待诏身份，得以给东宫太子侍讲侍读十数年。因二人多有辅弼匡正的言论而备受太子重视，顺宗继位，从而一朝得势，难免有骄矜之气，很为世家大族和科举清流的官员所瞧不起。而顺宗无法上朝行使权力，朝臣对此议论不已，宦官和部分节度使也推波助澜，要求顺宗尽早册立太子。

王叔文等人的革新正在攻坚阶段，当然不愿这么早册立太子，这样势必会导致分权。顺宗长子李纯不受父皇宠爱，也不怎么支持永贞革新，而皇储的选择对革新成败关系甚大。革新集团多番延宕，甚至不准备立长子李纯。柳宗元就写了篇文章《六逆论》，指出《左氏春秋》中的六逆之说，自己不认可"贱妨贵、远间亲、新间旧"这三项是"逆"，他写道："夫所谓'贱妨贵'者，盖斥言择嗣之道，子以母贵者也。若贵而愚，贱而圣且贤，以是而妨之，其为理本大矣……若亲而旧者愚，远而新者圣且贤，以是而间之，其为理本亦大矣。"顺宗萧妃已死且无嗣，目前后宫地位最高的就是出身琅琊王氏的王良娣了，子以母贵，长子李纯自然极具优势，而革新派想打破这种优势，拖延时间。

一次在金銮殿上争论是否立太子的事，议而不决，翰林学士郑絪趁机在纸上写"立嫡以长"四字拿给唐顺宗看，顺宗说不了话，看后轻轻点了点头。或许，顺宗想起了自己被父亲所抑制时的痛苦，而不愿重演这人伦悲剧吧。

最终在四月六日，顺宗册立李纯为太子，百官喜悦，而李纯因永贞党人压抑过自己对"二王"等人深恶痛绝。那一天，王叔文神色忧虑，口中不断念着杜甫的两句诗："出师未捷身先死，长使英雄泪满襟。"他仿佛预感到了即将到来的命运。

关键时刻，王叔文的母亲病故了，循例要辞职守丧，除非皇帝夺情起复才能回来。这时，王伾反复请求皇帝夺情征召王叔文为宰相，一直没有得到批示，他才知道原来与皇帝的交流途径已断，于是以中风为名隐退。

在多方压力下，七月二十八日，顺宗令太子李纯监国，处理军国大事。八月四日，顺宗再次下诏，命皇太子登基称帝，他自称太上皇，史称"永贞内禅"。第二天，顺宗迁往兴庆宫，却下令改年号为永贞，他等不到下一个春节再改元了。他没有完成自己的政治理想，永贞革新因为自己身体的原因无法获得更大的支持，轰轰烈烈6个月后戛然而止，他不想在历史上连一个属于自己的年号都没有。

唐顺宗李诵终于有了自己的年号"永贞"，却是在退位之后。真应了卫次公当时主张立他时所说的话："就算万不得已，还有嫡皇孙广陵王（李诵长子李纯）。"

顺宗悲剧地成为一个过渡性帝王。五个月后，元和元年正月十九日，太上皇李诵在兴庆宫逝世。史书总结说："顺宗在东宫二十年，天下阴受其赐。然享国日浅，不幸疾病，莫克有为，亦可以悲夫！"

第三节　唐宪宗：中兴之梦

宪宗李纯（原名淳）是顺宗嫡长子，即位时 28 岁。李纯六七岁时，德宗把他抱在膝上，逗他说："你是谁的孩子，怎么会坐在我怀里？"李纯机智地回答："我是第三天子啊。"德宗一想，对啊，他现在是天子，他的儿子李诵以后是第二天子，李纯不就是第三天子了吗？于是更加疼爱他。

永贞元年八月四日，当了7个月皇帝的顺宗禅位给太子李纯，这是各个政治集团联手绞杀永贞革新、向顺宗"逼宫"的结果。李纯作为最大受益者，也或多或少参与到了宦官、朝官和藩镇的短暂利益共同体之中，迫使父亲禅位给了自己。深宫禁院的高墙内，那是宦官侍臣的地盘，反正禁军和皇帝都掌握在他们手里，诏令都由他们传达，朝臣也对真相云里雾里。刘禹锡、柳宗元等人在文章中都有所怀疑，官方修撰的《顺宗实录》相关部分后来也屡有改动，言辞隐晦。

　　八月六日，宪宗李纯正式登基的第三天，就下令贬丁忧中的王叔文为渝州司户，第二年令其自杀。王伾被贬为开州司马，不久病死于贬所。

　　九月十三日，宪宗将柳宗元、刘禹锡、韩泰、陈谏、程异、韩晔、凌准等永贞党人都贬为偏远州郡的刺史。

　　两个月后，新官僚们觉得对永贞党人处罚太轻，于是又将他们七人贬为更为偏远的州郡的司马，这次连与王叔文最后交恶的宰相韦执谊也没能逃脱惩罚，史称"二王八司马"事件。居于贬所十余年的柳宗元有诗写道："零落残魂倍黯然，双垂别泪越江边。一身去国六千里，万死投荒十二年。"巨大的落差使少年得志的柳宗元、刘禹锡沉潜下来，这一贬，竟贬出了两位光耀史册的伟大文学家。

宪宗李纯知道，其实永贞革新并没有什么错，惩治贪腐、勤俭持国、废除弊政、打击藩镇、加强中央权威，这是中兴应有之义，只是这些人那样对自己，让他难以释怀。再说，也应该给支持自己的势力一个交代，等自己完成永贞党人想做而没做到的中兴大业时，再召回他们吧，让他们承认当初看错了人。

清除了王叔文集团的官员，发泄了对当初阻挠自己的永贞党人的不满，宪宗开始亲政。祖父德宗时的弊政，他何尝不看在眼里痛在心里。作为安史之乱后出生的一代人，宪宗从小经历了建中之乱和泾原之变，也曾颠沛流离。和父亲一样，他的心中也有一个中兴大唐的梦想，45岁重病在身的父亲无法完成，28岁年轻力壮的自己一定要完成。

宪宗登基后，升平公主呈献了精心挑选的50位美女给他，宪宗说："父皇拒绝的，我也不能接受。"于是下令将她们送回。他甚至终生不立皇后，以避免后宫和外戚干政，重蹈唐明皇的覆辙。

面对下面不断呈上的祥瑞、神物，宪宗说："我所喜爱的只有治国的贤才，什么珍宝、祥瑞与神物，今后一律不准呈献。"

他看史书手不释卷，对身边的宰相说："太宗创业，玄宗治世，看过国史之后，才知道自己万倍不如。他们如此英明，还需要宰相臣僚同心辅助，我今天哪能独自决断呢？"于是每天和宰相们讨论政事，常常到深夜，不知疲倦。他所任命的宰相，大都可称良臣贤相，皇帝与宰臣同心协力的局面，是玄宗之后少有的景象。

宪宗登基当月，参与拥立的剑南西川节度使韦皋逝世。韦皋乃"城南韦杜，去天尺五"的京兆韦氏出身，年轻时参与指挥过奉天守城之战，后镇蜀21年，屡次大败吐蕃，被蜀人称为"小诸葛"，因功封王，百姓感恩，供奉其像。西川节度副使刘辟自称留后，并请将领们上表给朝廷，请求委派自己为西川节度使。两个月前，刘辟声称奉韦皋之命，向王叔文要求统辖剑南三川（西川、东川、山南西道），被严词拒绝，还差点被杀死。现在看来，刘辟当时知道韦皋重病，实则是给自己铺路呢。

西川乃关中的大后方和粮仓。安史之乱初爆发的马嵬之变，疲惫而愤怒的兵士杀了杨国忠及杨贵妃家族仍不解恨，眼看事态无法收拾，正是西川进贡的财物及时运到，发给了兵士才得以平息。之后，唐玄宗一路向南逃到了西川。以后的唐朝皇帝，每次长安被占，就翻越秦岭直奔富庶的蜀中。所以，宪宗决不能允许西川成为河北三镇那样的割据势力，何况其他割据者都是武将、藩将，而刘辟乃德宗贞元年间以博学宏词登科的进士。世家大族和科举文士对大唐中央都有很高的认同感，反对地方割据，维护中央权威，你看韦皋有割据的实力和条件，但却并不愿行河朔故事，这个刘辟开了个恶例，是可忍孰不可忍？于是宪宗命宰相袁滋充任西川节度使，征召刘辟回京当给事中。

刘辟拒绝中央任命，调动军队做防守部署。袁滋畏惧，不敢前去，宪宗大怒，贬他为吉州司马。但面对多次战胜吐蕃军的西川军队，是该派兵征讨，还是暂且稳住他再说？刚上台的宪宗和新宰相们一时还拿不定主意。于是宪宗命刘辟当西川节度副使、知节度事。

第一个站出来反对的是城南韦杜士族、右谏议大夫韦丹，他从小失去了父母，跟随外祖父颜真卿生活学习，深受颜氏坚贞忠烈品性的影响，对割据叛乱分子深恶痛绝，他上疏说："现在放弃对刘辟的处分，就是纵容地方背叛，以后中央能指挥动的，恐怕只剩下了东西二京了。"宪宗嘉许他，于是命他做东川节度使，以便早做准备。

城南韦杜士族的杜兼就没有那么勇敢了，宪宗调他当苏州刺史，他坚决辞让，理由很实在："镇海节度使李锜飞扬跋扈，势将叛变，届时他一定会先屠杀我的家族。"宪宗认为有此可能，于是作罢。

夏绥节度使韩全义五年前讨伐淮西割据势力吴少诚时，指挥失当，损兵折将，班师后却掩其败迹，讳败为胜，而且未朝拜皇帝就回了夏绥。李纯当太子时就对他十分厌恶；李纯继位为帝，韩全义大为恐慌，自请入朝，让外甥杨惠琳做留后。宪宗采纳宰相杜黄裳的意见，命韩全义退休，不久韩病逝于长安。杨惠琳自请为夏绥节度使，宪宗不批准，杨惠琳开始集结军队，准备抵抗朝廷。

宪宗登基才三个多月，不算割据已久的河北三镇和淄青、淮西，竟然就有西川、镇海（浙西）两大财赋基地和夏绥前线共三个藩镇准备叛乱，且磨刀霍霍，积极备战。年轻的宪宗李纯，你准备好应战了么？

永贞元年这一年之中，先后有3位皇帝——唐德宗、唐顺宗、唐宪宗，且还有声势颇大的永贞革新，注定是不平静的一年。史载，这一年国史馆开始要求每日做记录，称"日历"，这是中国人最早使用日历的记载。的确，这一年要记的事情真的很多。

又到了新一年的大年初一，长安城沉浸在春节团圆的喜庆气氛之中，唐宪宗李纯率领文武百官前往兴庆宫，看望病重的太上皇李诵。

第二天，宪宗赦免天下，改年号为元和，元和元年正式拉开帷幕。

喜欢看本朝史的宪宗，最崇拜的是唐太宗和唐玄宗的丰功伟绩，而宪宗的确也有与他们相似的地方：三人都英姿俊爽，都把父皇逼成了太上皇，而且都在28岁时登基称帝。那他能否取得太宗、玄宗那样的不朽功业呢？且让我们拭目以待。

第二章

——元和元年

发威平西川

第一节 杜黄裳主战

　　话说宪宗任命刘辟当西川节度副使、知节度事，刘辟认为自己派兵拒关的动作吓住了年轻的皇帝，于是越发骄傲，居然进一步提出了新的要求，就是之前向王叔文提过的——兼领三川。他想同时当剑南西川、东川和山南西道的节度使，要知道，安禄山叛乱前就是身兼3个节度使。上天欲让人灭亡，必先使其疯狂。

　　刚改元没几天，这个刘辟就这么不给皇帝面子，是可忍孰不可忍？

　　被激怒的宪宗立即驳回了他的请求。刘辟早有对策，派大军以迅雷不及掩耳之势包围了东川节度使李康镇守的梓州。李康不敌，连忙向朝廷求助，而朝廷新任命的东川节度使韦丹还在翻越秦岭的路上呢。

德宗朝形成的惯例，就是对那些向心力不足的藩镇，在节度使死后，藩镇将领推举新节度使人选，朝廷派宦官考察，一般都予以认可。朝廷委任的新节度使，除非他非常强势，否则往往会遭遇藩镇将领的抵制甚至驱赶。可怕可恨的惯例！不打破这个惯例，国将不国啊！

对这次刘辟之乱，多数官僚都认为蜀地山川险恶，道路崎岖，难以取胜，只有宰相杜黄裳坚持讨伐，他说："刘辟不过是一介发狂书生，取他如拾草芥！臣知道神策军使高崇文有勇有谋，希望陛下派他平叛，不要派监军宦官干扰，他一定会生擒刘辟。"

他还说："德宗经过两次兵变之后，一切都委曲求全，姑息纵容，藩镇节度使几乎都是终身制，他们活着时中央不派人接替轮换，死后派宦官安抚调查将领们拥护谁。宦官接受贿赂，回来后当然建议任命，不曾有谁的任命是出于中央的决定。必须用国法制裁这些藩镇，这样国家秩序才能恢复正常。"

这让宪宗很受鼓舞，下定决心讨伐西川。翰林学士李吉甫也建议讨伐，并积极出谋划策，宪宗因此对他也另眼相看。

过了些天，宪宗跟宰相们讨论说："自古帝王，有的勤劳用政，有的无为而治，互有得失，到底哪一种更好？"

杜黄裳说："帝王上承天地宗庙，下抚百姓四夷，夙夜忧虑勤劳，当然不可贪图安逸。可是，上下职责有分，国家纲纪分明，如果谨慎遴选天下贤才而予以委任，赏罚以信，那么帝王当然可以无为而治。英明帝王最辛苦的是物色贤能；最安逸的是在物色到贤才之后。这就是尧舜无为而治的原因。为王者要掌握大政纲领，不要陷于琐碎的具体事务之中。上下互相信任，才能把事情办妥。"

宪宗深表赞同，终其一朝，始终放权给自己信任的宰相。

杜黄裳出身于京兆杜氏，进士及第，早年曾入郭子仪朔方军幕府，深为郭将军爱国忠君的精神所感动，当然对叛服无常的割据藩镇深恶痛绝。

郭子仪以武状元起家，平定安史之乱，功居首位，后又临危受命，多次击败吐蕃和回纥的入侵，用唐肃宗的话

唐汾阳王郭子仪像

说："国家再造，卿之力也。"郭子仪四朝为将，两度入相，保大唐二十余年，因功封汾阳王，被德宗尊称"尚父"。天下一安定，皇帝担忧其功高盖主，他就主动交出权柄，坦然离去；国家再陷危难，他又毫无怨言，出征迎敌，个人得失在国家、民族面前渺若微尘。他从不居功自傲，被史家称为"权倾天下而朝不忌，功盖一代而主不疑"。安史之乱后的这些藩镇节度使，没有一个功劳大过郭子仪的，却动辄居功邀赏，不如心意就举兵叛乱、要挟朝廷。人心变了，队伍不好带啊！

唐代宗大历十三年（778年），郭子仪入朝，任命杜黄裳为留守。李怀光与监军阴谋矫诏诛杀数位大将，以震慑全军，想要取代郭子仪。杜黄裳辨出诏书系伪造，质问李怀光，李吓得流汗服罪。对于那些骄横难制的将领，杜黄裳都以郭子仪之令为名予以调遣，众人不敢作乱，朔方军才安定下来。

唐德宗贞元年间，杜黄裳入朝，担任侍御史，因其正直而为奸相裴延龄所厌恶，10年得不到升迁。直到女婿韦执谊拜相，他才得以升任太常寺卿。当时顺宗病重，不能理政，他力劝韦执谊率群臣请太子监国，让韦执谊很不高兴，说："丈人怎能刚升官就议论禁中大事？"杜黄裳怒道："我受三朝厚恩，难道会为了一个官职便出卖自己？"然后拂袖而出。

　　宪宗监国后，杜黄裳被授为门下侍郎、同平章事（宰相），这时他已经67岁了。人虽老雄心未老，仍是一个热血男儿。

　　804年，夏绥节度使韩全义入朝，杜黄裳因为韩全义讨吴少诚兵败无功，又奸邪诡媚、骄蹇不逊，令其致仕，并任命李演为夏绥节度使。

　　有个成语叫"惨绿少年"，本指穿淡绿衣衫的少年，后称风度翩翩的青年男子，这个典故就来自杜黄裳。据唐人笔记记载，潘孟阳初当户部侍郎，母亲却感到忧虑，说："以你的这点儿才能，居侍郎高位，我怕早晚会出事。"潘孟阳安慰她，她说："你把交好的同事招来聚聚，让我观察观察。"客人到来后，母亲垂帘观看，看完高兴地说："都跟你是一类人，我不用担心了。末座那个惨绿少年是何人呢？"潘孟阳说："他是补阙杜黄裳。"母亲说："此人与众不同，日后必是有名卿相。"

潘孟阳的母亲的确看人很准，杜黄裳到了老年终于当上了宰相，而潘孟阳当时官居度支、盐铁转运副使，这时正被宪宗派往江淮慰劳安抚，考察官员和百姓疾苦。可是他所到之处，游戏无度，欢宴取乐，仅仆从就有 300 人，还大量收受贿赂，宪宗知道后很生气，免除了他的部分官职。这个时候，这位母亲恐怕已经不在人世了吧。

平卢淄青节度使李师古虽然跋扈，但却对杜黄裳很忌惮，曾命属下带着大量钱财和一辆豪华车子去贿赂杜黄裳。属下连日在杜府门外，见院中抬出一顶极普通的绿色轿子，而且只跟着两个青衣褴褛的婢女。一问得知轿中居然是宰相夫人，便返回淄青告知李师古，李师古知道行贿不可能成功，便放弃了贿赂的计划。

杜黄裳为卿士时，身居高位的女婿韦执谊对他不太尊重。后来，宪宗登基，贬韦执谊为崖州司马，杜黄裳却全力营救；韦执谊病死崖州后，他又上表请求将其灵柩运回长安安葬。

杜黄裳对普通人也很好。一次患病求医，医生开错了药，使得他病情加重，但他始终都没有生气斥责。

就是这样一个人，却无法久居相位，因为他不拘小节，好讲真话，往往不小心就得罪了人。元和二年（807年），杜黄裳出任河中节度使，加封邠国公。元和三年病逝，终年70岁。30多年后，朝廷将杜黄裳与高崇文、裴度、李愬等人的牌位配享宪宗庙庭。

宪宗的儿子、后来的唐宣宗李忱说："宪宗皇帝道叶中兴，威加寰海。开启圣意，则有杜黄裳；弼成功业，则有裴度。著在国史，时无比伦。"

第二节　高崇文入蜀

元和元年（806年），高崇文也60岁了，年初任长武城都知兵马使，在城内积粟练兵，训练士卒5000人，平日里也常常保持着战备状态，好像敌人随时会攻打过来。

高崇文生于幽州，出身渤海高氏，生性朴厚寡言，虽不通文字，但才智过人。他年轻时曾在平卢军从军，并随镇淮西，熟谙兵事。

德宗贞元五年（789年）夏，吐蕃军队3万人进犯宁州（今甘肃宁县），高崇文率兵三千前往解救，激战于佛堂原，最终大破吐蕃，敌人死伤过半，狼狈退回。战后，他获封渤海郡王。

元和元年正月二十三日，宪宗任命神策军行营节度使高崇文率步骑兵5000人，神策军京西行营兵马使李元奕率步骑兵2000人，会同山南西道（治所兴元府）节度使严砺，联合讨伐刘辟。高崇文一接到诏书，两个时辰内5000人便迅速起程，且自备器械军粮，一样不缺，一路上严申军律，秋毫无犯。宪宗虽然听杜黄裳的话启用了高崇文，却还是派了俱文珍当监军宦官。

正月二十九日，高崇文军即穿过斜谷（在今陕西太白县境），李元奕穿过骆谷（在今陕西周至县境）。高崇文军先到达兴元府（今陕西汉中），有官兵吃饭时因饭菜与店主发生冲突，大发雷霆，折断筷子，高崇文立刻将他斩首示众，告诉大家军令如山。这时，严砺的军队刚攻克了剑州（今四川剑阁县）；而刘辟军已攻陷了梓州，俘虏了东川节度使李康。

高崇文马不停蹄，从阆州直扑梓州，亲冒矢石，一马当先。刘辟的将领邢泚畏惧高崇文，吃败仗后率军逃走，梓州又回到了朝廷手中。距离最远的高崇文，居然是第一个进梓州城的，可见军队之严整。刘辟慌了神，将俘获的李康送回，同时上疏为自己辩解。宪宗的回答是：剥夺刘辟所有的官职和爵位，继续进攻。

高崇文和俱文珍认为李康败军失城，将他斩首。一个行营节度使不经过皇帝批准，直接斩杀地方节度使，胆子够大心够狠。

朝廷任命的东川节度使韦丹这时才到达汉中，他一心为大局着想，上疏说："高崇文率军深入异乡作战，没有固定的援助，若将东川给他做基地，一定可以稳定军心，早日获胜。"于是，宪宗任命高崇文为东川节度副使、知节度事。

这时得插播一条新闻，几乎与高崇文攻进梓州同时，夏绥镇也传来了好消息。

韩全义的外甥杨惠琳发兵抗拒朝廷委任的节度使李演，河东节度使严绶请求出兵讨伐，于是宪宗下诏命严绶和天德军联合行动。天德军还未出发，严绶所派的牙将阿跌光进、阿跌光颜兄弟即率军火速进发，一路过关斩将，所向披靡，夏绥将士人心惶惶。三月十七日，夏绥兵马使张承金斩杀杨惠琳，传首京师，夏绥之乱遂定。光进、光颜兄弟乃河曲鲜卑人，勇猛善战，威名远播，在河东可是家喻户晓。他们日后还将出场亮相，那时被赐国姓李，即李光进、李光颜。

回到蜀地战场，刘辟不甘心失败，派兵修筑鹿头关（在今四川德阳境内），此关距成都150里，倚山带川，非常雄险。刘辟一连设置了8个营栅，驻军万余人，妄图以天险拒守。可他不想想，号称难于上青天的蜀道都阻挡不了高崇文，难道营栅会有作用？高崇文发动进攻，却因天雨连绵，难以猛攻，于是派骁将高霞寓攻克关左鹿头山上的万胜堆，从万胜堆俯瞰鹿头关，刘辟军出战，官军即预先可知，从而八战八胜，叛军人心动摇。高崇文又于德

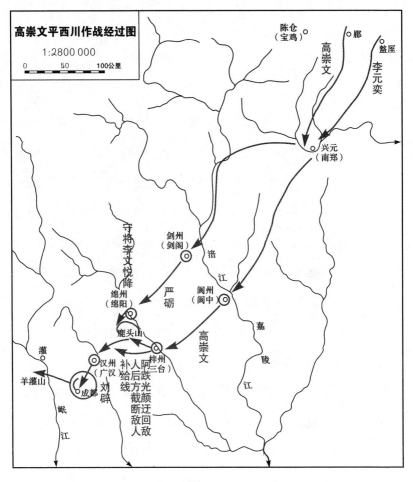

高崇文平西川作战经过图（选自《中国历代战争史》）

阳、汉州再败叛军。严砺部属严秦也在绵州石碑谷击败叛

军1万余人。

七月三日，宪宗下诏，增援西川之战的各路军队，全

部受高崇文节制。

在这相持阶段，一支部队的加入使得战争进程加快了。九月十二日，河东军将领阿跌光颜赶来增援，却因山中大雨所阻，比原先约定的会师之日晚了一天。他怕严厉的高崇文军法处置，于是马不停蹄，冒险深入鹿头关西侧，想立功赎罪。结果歪打正着，竟碰到了刘辟的运粮部队，遂将其阻断。至此，鹿头关的守军势单力孤，大为恐慌，两支部队先后献出城堡，率数万人投降。于是高崇文得以长驱直入，扑向成都。兵败如山倒，刘辟走投无路，投江自杀未遂，被拉出来逮捕，押送长安斩首。

高崇文军入成都，军纪严明，露天休息，商铺照常营业，各行各业都没受到太大影响。他只处斩了刘辟的两名亲信军官，其他官员概不追究，一切事务仍按韦皋在世时的规矩办，很快，西川的社会秩序就得到了恢复。朝廷还免去剑南东川、西川和山南西道当年的岁赋，释放所有胁从将吏，安葬阵亡者，为阵亡者家庭配给五年的粮食以示安抚。

刘辟有两个姜非常貌美，监军示意高崇文献给皇帝，高崇文却说："天子命我讨伐叛逆，应以安抚百姓为首要，献美女的事崇文绝对不会做！英武天子也绝不会接受！"于是他将这两位美妾许配给了军中没有妻子的军士。

讨伐行动费时8个月，终于完胜，实现了杜黄裳当日所言。其实，杜黄裳无时无刻不在关注战场形势，许多作战方略都是他制定及遥控的。他看到高崇文占据东川后有所松懈，就派人警告他说："你若不能尽快立功，中央就派保义节度使接替你！"蜀地平定后，百官祝贺宪宗，宪宗看着杜黄裳说："这都是你的功劳！"

平定西川是中央军25年来对地方藩镇的第一次重大胜利。战后，宪宗割剑南西川六个州给东川，任命高崇文为西川节度使，严砺为东川节度使，柳晟为山南西道节度使，让他们互相牵制。

蜀地富庶，上缴赋税极多，如果丢掉的话朝廷将会陷入困顿，要想中兴大唐恐怕更不可能了。有幸，元和元年君臣齐心协力，首战拿下了西川，顺手平定了夏绥，开了个好头。很多割据或半割据的军阀坐不住了，其中包括镇海的李锜，也包括淄青的李师道。

第三节　平卢淄青镇

平卢镇本为唐玄宗时的十大藩镇之一，治所位于营州（今辽宁朝阳），主要用来镇抚室韦和靺鞨等部，安东都护府都属于它的管辖范围，可以说是东北的藩篱和屏障。安禄山就是在平卢军发家的，他是首任平卢节度使。安史之乱中，部分平卢军被安、史带去发动叛乱，留守的平卢军队趁机反正，杀掉安禄山任命的节度使，响应朝廷讨伐叛军，但与史思明作战失败，加之奚部落也来侵犯，于是在侯希逸带领下，全军渡过渤海南下到了山东青州，侯希逸因此被朝廷委任为平卢淄青节度使。

后来侯希逸被军士逐出，李正己被推为节度使。淄青镇在李正己时期达到全盛阶段，无论是版图、兵力还是经济实力，在唐朝各镇中都首屈一指，拥兵 10 万余人，在几次讨伐叛乱的军事行动中，各镇都以淄青军的进退为凭据。淄青镇比周边藩镇更繁荣富裕，因为除了重视农业生产，它还可以通过海陆等渠道开展商业贸易活动。

因为李正己多次平叛有功，淄青镇的统辖范围也由六州扩大到了十五州，为了更好地控制新地盘，他把镇治从青州迁移到了郓州。

　　李正己死后，其子李纳继任，因参与建中之乱，被朝廷攻占了德、棣、徐三州，此后30多年，淄青镇一直控制着12个州，相当于今山东省绝大部分及江苏省北部地区。

　　李纳死后，其子李师古被众将推为节度使，朝廷无奈认可。他割据的14年间，虽对内跋扈，对朝廷倒还算对付得过去。但对于得罪朝廷逃奔来的亡命之徒，他都留着使用；对于自己派出的官员，将他们的妻子儿女留下来做人质，谁要是想归附朝廷，他就杀其家人，众人因此不敢有异图。他还喜欢招纳人才，曾经让人以书信币帛请诗人张籍做幕吏，爱惜羽毛的诗人当然不会去，但拒绝的话不能说得太生硬。张籍将书信和币帛退回，并作了一首《节妇吟》回赠，诗中写道："君知妾有夫，赠妾双明珠。感君缠绵意，系在红罗襦。妾家高楼连苑起，良人执戟明光里。知君用心如日月，事夫誓拟同生死。还君明珠双泪垂，恨不相逢未嫁时。"

元和元年六月，李师古病重，他对判官高沐和李公度说："我死后，你们想拥护谁当节度使？"二人没有立即回答。李师古说："是不是李师道？厚待自己的亲人是人之常情，但统帅人选失当，会摧毁我淄青几十年的积累，还会覆灭我的家族。李师道乃富贵子弟，不知用兵和政务，志趣只在一些卑贱的事情上，自我感觉良好而已，难道真能担起统帅的重任吗？请你们好好考虑吧！"

李师道是李师古同父异母的弟弟，李师古曾语重心长地对这位没吃过苦的弟弟说："就算你不能改变民间疾苦，也要知道衣食从何而得。"于是让他代理密州之事，李师道不太管政事，却喜欢绘画和吹奏，是个公子哥兼文艺青年。结果李师古去世后，高沐、李公度封锁消息，暗中派人到密州迎接李师道，拥护他为平卢淄青副大使，然后上表请求朝廷任命其为节度使。说起来，淄青算得上河北三镇之外割据最久的了，从高句丽人李正己开始，前后割据已40余年。

可是过了两个月，朝廷也没有回应。李师道有些不安，于是与下属商量对策，有人建议派兵到邻近区域抢掠制造混乱，给正在西川打仗的朝廷施加点压力，逼他们承认现状，李师道觉得这招好，符合自己的性格。高沐坚决反对，而建议把"两税"呈缴中央，并请中央补充淄青的官员缺额。李师道同意试试。奏章送到京师，杜黄裳觉得可以利用淄青局势不稳分割平卢淄青十二州，但宪宗认为西川还未平定，不应在东方再生事端。于是，八月九日，宪宗先任命李师道为平卢淄青候补节度使。

十月十三日，西川战事结束。两个月来，李师道表现也还算规矩，宪宗一高兴，正式任命李师道为平卢淄青节度使。他如果知道李师道以后的所作所为，一定会为这个决定后悔不已吧。

第三章

——

元和二年

再平镇海军

第一节　鹰派宰相

元和二年（807年）正月里，朝廷人事有了大的变动，宰相杜黄裳调去河中当节度使，宪宗擢升户部侍郎武元衡和翰林学士李吉甫为宰相。

武元衡时年49岁，是科举考出来的头名进士。他还是武则天的曾侄孙，他的曾祖父武平一在武则天称帝时辞去一切官职，隐居山林直到去世。

武元衡就像是中年版的杜黄裳，典型的鹰派，一心想削平割据藩镇。唐德宗晚年曾称赞他具有宰相的才能，永贞革新期间王叔文派人游说他加入新党，他严词拒绝，王借故贬他为太子右庶子。宪宗李纯即位，感念武元衡忠君侍主，知道他一向清廉正直，对他信任有加。

这年十月，西川节度使高崇文治蜀一年，他不通文书，又厌烦政务，便对监军宦官说："我不过是河朔一介武夫，侥幸建立战功，得居如此高位。西川乃宰相回翔之地，我在这里心里不安。"他屡次向朝廷上疏说："蜀中安逸，使我难有作为，我愿在边疆为国效力。"

宪宗于是任命武元衡充任西川节度使，仍遥兼宰相之职；调高崇文为邠、宁、庆三州节度观察使。后来高崇文在邠州三年，广修战备，卓有成绩。但不能讳言的是，他离开西川时，把蜀地大量物资、歌伎舞女、能工巧匠等搜罗一空带去邠州。武元衡到任后，看到百姓怨声载道，于是承诺用三年时间使民殷地富，并且切实做到了，因此大得民心。

政治上的鹰派，为人却很温文尔雅，武元衡还是一位有名的诗人，《全唐诗》编入他的诗近200首。武元衡刚到西川时，地方官宴请他。西川从事杨嗣喝得大醉，强逼武元衡用大酒杯喝酒。武元衡不喝，杨嗣就把酒浇在他身上，并说用酒来给他洗澡。武元衡也不恼，一动不动，任他浇完了酒，才缓缓地站起来，换了一身衣服，又继续参加宴会。当然也有另外一个说法，说武元衡正要发作时，一位女校书走了进来，将他镇住了，她就是女诗人薛涛。

武元衡在西川还有一大功绩，就是发现并提拔了一个人才——裴度。裴度作为他的副手，和他步调一致，使得蜀中大治。几年后二人先后回朝担任宰相，共同经历风风雨雨，不过那是后话了。

另一位新晋宰相李吉甫，听到擢升的消息，感动得直流泪，对中书舍人裴垍说："我流落江淮15年，而今蒙此大恩，唯有竭力报答。最重要的是向国家推荐贤能人才，我认识的年轻官员很少，你善于鉴别人才，请都告诉我。"裴垍列出了30余人，几个月之内，李吉甫几乎全部任用，时人一致赞叹李吉甫有知人之明。

李吉甫和武元衡同岁，政见相同，关系融洽，但与武元衡不同，他是以门荫入仕的，他的父亲李栖筠做过肃宗、代宗时的御史大夫，是位名臣。有一次，宪宗对李吉甫说："朕昨天在《代宗实录》中看到你父亲在当时纲纪不振之时忠于朝廷的事迹，实在值得嘉许赞叹。"李吉甫听后感动不已，离开座位，走下台阶伏地流泪。李栖筠没有赶上圣明之时，尽心尽力，却忧郁而卒。他给儿子所起的名字，来自于西周时辅佐周宣王成就中兴大业的尹吉甫，他是希望儿子能够遇到圣明之君，中兴大唐，找回大唐的荣光啊。

李吉甫从小嗜书，因此学识渊博，尤其精于地理财赋，27岁便担任太常博士。唐德宗时宰相陆贽怀疑李吉甫结交朋党，将他贬官外放。后来陆贽遭到权臣裴延龄构陷排挤，被贬为忠州别驾，当时李吉甫为忠州刺史，陆贽的亲友为此担忧不已，当然裴延龄是故意这样安排的，他也等着看好戏呢。谁知李吉甫却不计前嫌，以对待宰相的礼节对待陆贽，与他相处甚欢，时人都对李吉甫非常敬重，说他有宰辅之器，宰相肚里能撑船。他为此付出的代价，就是多年未得升迁。

李吉甫对待藩镇的态度与武元衡一致，都是不折不扣的鹰派，对西川、镇海都曾力主讨伐，积极出谋划策。他曾奏请皇帝让节度使之下各州的刺史独自为政，禁止州刺史擅自谒见本镇节度使，禁止节度使以岁末巡检为名向管内州县苛敛赋役，从而削弱割据藩镇的影响。为了防止藩

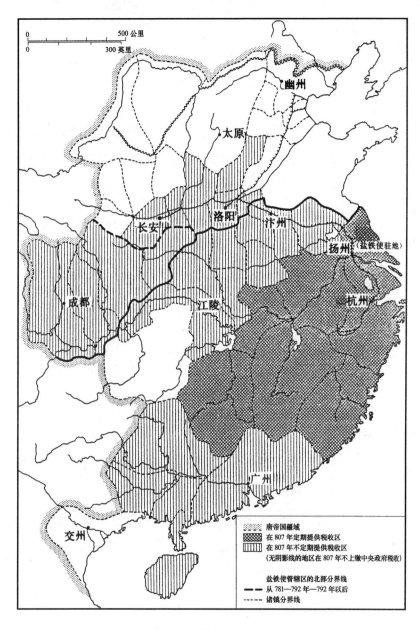

地图图例：

幽州

太原

长安　洛阳　汴州

扬州（盐铁使驻地）

成都　江陵　杭州

广州

交州

唐帝国疆域

在 807 年定期提供税收区

在 807 年不定期提供税收区
（无阴影线的地区在 807 年不上缴中央政府税收）

盐铁使管辖区的北部分界线
从 781—792 年—792 年以后
诸镇分界线

0　　　　500公里
0　　　　300英里

《元和国计簿》财政划分图（选自《剑桥中国隋唐史》）

镇势力的扩大，李吉甫在一年多的时间内，调换了三十六镇的长官，此举让大家知道藩镇长官是由朝廷任命的，不是地方可以自行决定的。

本年的李吉甫还干了一件非常有意义的事，就是写了一本《元和国计簿》，相当于公元807年的中国年鉴。从中我们可以知道：大唐当年有48个藩镇和道，295个州府，1453个县。其中竟有15个藩镇71个州不向中央申报户口及呈缴赋税（有些戍边的藩镇本来就是免除赋税的）；每年定期向中央呈缴赋税的只有8个藩镇和道，49个州，144万户。比起安史之乱前的742年，缴税户减少了3/4。本年由政府供应的军队有83万人，比安史之乱前增加了1/3，平均两户人家供养一名士卒；而742年，全国才设置10个藩镇，士卒49万人。从这些数据中，除了可看出大唐老百姓的压力确实很大之外，也能发现战后藩镇大量增加，中央控制力有所减弱。

第二节　李锜败亡

夏绥杨惠琳和西川刘辟对抗中央被削平后，割地称雄的藩镇都感受到了很大的压力，看来新皇帝宪宗不再接受德宗时形成的惯例，开始动真格的了。一朝君子一朝臣，宪宗选的宰相大都是鹰派，能力出众，君臣同心，藩镇也很难像以前那样钻空子了，于是很多此前在观望的节度使请求入朝，以表忠心。要知道，自请入朝，对藩镇节度使来说，等于向朝廷交出藩镇的控制权，是需要很大勇气的。

早有割据之心的镇海节度使李锜也内心不安，于元和二年（807 年）十月请求入朝，以此试探朝廷的反应，结果宪宗批准了。李锜却又思前想后，患得患失，迟迟不肯动身。虽然任命了判官王澹做留后，但却不放心，怕他取代了自己，于是李锜干脆向朝廷声称患病，想推到年底再说。

武元衡说："陛下初登基，李锜一会儿说入朝，一会儿说不入朝，如果都由了他，中央以后怎么号令全国呢？"

宪宗也有此意，于是下诏召李锜入朝任尚书左仆射，派御史大夫李元素代其为镇海节度使。李锜无计可施，决定对抗。

李锜本年已67岁了，是大唐开国功臣、淮安王李神通的后裔，也算是皇家宗室。唐德宗贞元初，李锜凭借贿赂勾结权臣等手段，当上了润州刺史、浙西观察使、诸道盐铁转运使等肥差。他知道德宗好财物，便进贡了很多奇珍异宝，德宗自然恩遇有加，于是他恃宠而骄，天下盐铁、漕运大都被他控制。富庶的蜀中能令刘辟铤而走险，甚至让军纪严明的高崇文一年时间就眼花缭乱而迷失，那么在比蜀中更加富庶的江南繁华之地浙西掌权更久的李锜怎能不迷失骄纵呢？

李锜在地方上桀骜专权，杀了不少人，浙西平民崔善贞曾向朝廷上书揭露其罪行，反被李锜命人填土活埋，闻者切齿。

为了长久地保有富贵，也为了镇压百姓，李锜私下还组建了两支亲兵队伍，一支是由善骑者组成的"挽硬随身"，一支是由胡、奚等族人组成的"番落健儿"。这些人成为他的心腹，都称李锜为义父，军饷超过其他兵士10多倍。

顺宗即位后，施行永贞革新，免去了李锜盐铁转运使之职，为了表示安抚，将其浙西观察使一职升为镇海（浙西）节度使。

在征召李锜入朝的诏书下达之前，李锜就开始行动了。他先秘密下令让亲信谋杀了留后王澹等人，却上疏说军士叛乱杀害了留后及大将，自己需要处理内部兵变。又命令驻守苏州、杭州、常州、湖州和睦州的亲信镇将诛杀所在地刺史。不承想这些刺史也不示弱，常州和湖州刺史还斩杀了叛乱的镇将，但苏州刺史李素却被镇将生擒。一年多以前杜兼拒绝赴任苏州刺史时，说李锜必反、必先杀他亲族的话真的应验了。

十月十一日，宪宗下令除去李锜官爵，踢出皇室族谱。命淮南节度使王锷为诸道行营兵马招讨处置使，征调六个军镇和道的军队，分为三路大军，分别从宣州（今安徽宣城）、信州（今江西上饶）和杭州讨伐李锜。

李锜仿佛不知道大难临头，六十多年的人生经验，让

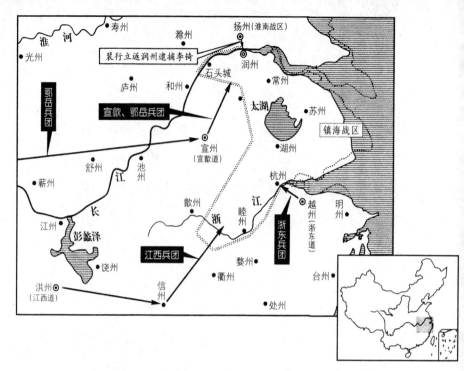

平定李锜形势图（选自《柏杨白话版资治通鉴》）

他总觉得用钱财可以解决一切，而自己最不缺的就是钱财了。他决定先拿下富庶的宣州，而从宣州方向进军的朝廷军队人数也是最多的，看来他的情报工作做得很差。李锜派兵马使张子良、田少卿、李奉仙三将率3000人突袭宣州，三人知道李锜必败无疑，便与营门官裴行立密议生擒李锜，归顺朝廷，达成一致。裴行立是李锜的外甥，掌管着精锐守城军队，有他做内应，何愁大事不成。于是军队行进到不远的扬州便停了下来，三人召集士卒，宣布说：
"仆射（李锜）叛逆朝廷，中央大军已将我们从四面包围，常、湖二州镇将被杀，形势无可挽回。我们只有回师讨伐叛逆，效忠朝廷，才能转祸为福！"

士卒一致拥护，当晚即拔营回润州（今江苏镇江），裴行立在城里做内应，杀声连天。正在睡觉的李锜被惊醒，来不及穿鞋子，光脚躲藏到楼下。他的"挽硬随身"和"番落健儿"两支亲兵300人被裴行立伏兵击败，纷纷自杀。

不可一世的李锜及其家人忍不住痛哭起来，使得侍从找出了他，给他戴上脚镣枷锁。之后他被押解至京师，同儿子一起被腰斩。但宪宗没有杀其他家族成员，甚至还阻止了拆毁其父家庙的行为，没有推行惨无人道的连坐。

相关部门准备将李锜多年来搜刮的大量家产运往长安。翰林学士裴垍和李绛说："李锜僭越豪奢，剥削六州百姓，枉杀属下官民，巧取豪夺。陛下可怜百姓之苦，才发兵诛杀这凶逆之人。如果将他的家财运送京城，臣等恐百姓失望。不如将其私产赐予浙西百姓，代替今年的租赋。"史载唐宪宗"嘉叹久之，即从其言"。

平定李锜后，群臣入贺于紫宸殿，宪宗却有些难过，说："因为朕没有恩德，才导致数次叛乱，朕应该感到惭愧，有什么可称贺的呢？"

李锜之乱还牵出了另外两出传奇。

叛乱平息后，李锜的两位年轻貌美的宠妾被籍没入宫，一位姓郑，一位姓杜。郑氏出身润州丹阳县，李锜谋反前，有善相面之人对他说，郑氏将来必会生下天子，李锜很高兴，便将郑氏纳为侍妾。郑氏入宫后被充为郭贵妃的宫女，后来受宪宗临幸，生下的孩子就是后来的唐宣宗李忱。说来话长，母子俩受了 26 年的苦难，光王李忱装痴卖傻才躲过猜忌，最终守得花开见月明，而郑氏母凭子贵，后来成了郑太后和太皇太后。

杜氏虽没有那么幸运，但却更为传奇，因为她的名字叫杜秋，即杜秋娘。杜秋娘也是润州人，本为歌舞伎，擅乐舞，也通诗书画，自然比一般歌舞伎更引人瞩目。李锜在观赏歌舞时发现了她，将 15 岁的她纳为侍妾。入宫后，唐宪宗自然会注意到出众的杜氏，"联裾见天子，盼盻独依依。椒壁悬锦幕，镜奁蟠蛟螭。低鬟认新宠，窈袅复融

杜秋图（元代周朗作）

怡。……红粉羽林杖，独赐辟邪旗……"（杜牧《杜秋娘
诗》）宪宗很欣赏她的才能，据说将她封为秋妃，可惜她
没有产下龙子。

唐穆宗李恒即位后，杜秋娘做过王子的傅姆，把漳王
李凑教导得饱学贤良，颇有声望。在唐文宗时，宰相宋

申锡帮助文宗清除权阉王守澄，反被宦官诬告意图推翻文宗、改立漳王李凑。宫廷斗争的结果是漳王被贬，进宫30年、经历四朝的杜秋娘也被赐归故乡润州。无儿无女的她晚境颇为凄凉，"归来四邻改，茂苑草菲菲。清血洒不尽，仰天知问谁"。诗人杜牧过润州时见到了她，感慨她的传奇经历，而今却穷苦衰老，诗人不胜唏嘘，写下了千古长诗《杜秋娘诗》。

年华已老，烟花易冷，留在人们心中的杜秋娘，仿佛永远年轻，在元和年间的宫廷里，为唐宪宗跳着轻盈的舞蹈，唱着自己写的歌："劝君莫惜金缕衣，劝君惜取少年时。花开堪折直须折，莫待无花空折枝。"

第三节　元白登场

元和二年的元稹、白居易已相识5年，二人志趣相投，文名初显，渐露峥嵘，但时人以"元白"并称二人还在其共同倡导新乐府运动并创作了大量乐府诗之后。

白居易生于代宗大历七年（772年），大元稹7岁，与刘禹锡、柳宗元年龄相仿，但当永贞革新刘、柳二人位列重臣之时，他却和同科进士、同为校书郎的元稹幽居于长安华阳观中，为制举考试而刻苦攻读。二人写成75篇《策林》讨论时政，用于备考。

说起来，还是那场建中之乱耽搁了他的少年读书生活，特别是河南李希烈之乱，当彭城令的父亲在徐州抵挡淄青李纳的进攻，居于河南的少年白居易被迫随母亲远避江南，辗转多地，正如他日后回忆的："时难年荒世业空，弟兄羁旅各西东。田园寥落干戈后，骨肉流离道路中。"颠沛流离的生活，让他像杜甫一样，充满了底层体验和人道精神。

元稹虽生长在长安，但8岁丧父，家贫无业，靠母亲持家艰难度日，这点和白居易相似。但在帝都，毕竟较为稳定，不用逃难。上不起学，慈母就亲自教他，他天资聪颖，15岁就明经出身，24岁就中进士。元和元年（806年）四月，朝廷举行制举试策。机会总是青睐有准备的人，写过大量策论的元稹和白居易自然脱颖而出，元稹应制策成绩第一，宪宗授元稹为左拾遗，授白居易为周至县尉。白居易写诗给元稹说："东垣君谏净，西邑我驱驰。"

元稹真正做到了谏净，《新唐书·元稹传》载："稹性锋锐，见事风生。既居谏垣，不欲碌碌自滞，事无不言。"

他频繁地给宪宗上疏，以唐太宗为例。太宗用王珪、魏徵做谏官，尊重、鼓励谏官批评朝政，当时的谏官唯恐对政府批评得不够深刻，并不用担心有什么后患，这才有了贞观之治。他对玄宗晚年以来不重视谏官的情况很不满，甚至毫不避讳地批评宪宗即位一年来很少召见谏官，谏官上朝形同虚设。

他说："皇帝鼓励大臣批评朝政，多听多改，是大治的预兆；皇帝偏听阿谀之言，受近臣蒙蔽，是动乱的预兆。皇帝接受敢于发言之人，有过则改，则正人君子争先恐后去尽忠，连小人都会受正气感召。上下畅通，下冤上达，天下怎能不大治？若皇帝拒绝规劝，且加以惩罚，则正人君子必将不敢说话，只求明哲保身；卑劣小人必将摇尾逢迎，窃取高位。上下不通，下情无法上达天听，天下怎能不大乱呢？"

元稹列举 10 余项谏议内容，建议宪宗依照次序，召见百官，恢复朝会奏报制度，遴选正直饱学之士辅佐皇子，禁止违背时令的进贡等。

宪宗对元稹多次嘉勉，认为他说得有道理。之前宪宗对拾遗、补阙这些谏官不够重视，之后时常召见他们，听取他们的意见。他还对宰相们说："太宗以神明天才，文武百官进言讽劝，还要再三再四反复劝谏，何况朕孤陋愚昧，以后，事情有不对，你们应该向朕十次进言，不要一两次就放弃。"

元稹频繁批评朝政，皇帝都能接受，一些宰辅高官却受不住了，杜佑最后找理由将他贬为河南县尉。不久，元稹的母亲郑氏去世，元稹离职回去丁忧服丧，白居易为好友母亲写了墓志，且知道元稹经济窘迫，多次从自己不多的俸禄里拿出一部分资助好友。

其实，白居易在周至县尉任上过得也不太舒心。县尉作为小官，得对农民催粮逼税，有时还得鞭笞抓人，当年高适做县尉时就写过："拜迎长官心欲碎，鞭挞黎庶令人悲。"这是有人文关怀的诗人所不能接受的，所以有时他得装病，心情很是郁闷。他写了《观刈麦》同情百姓疾苦，写了《宿紫阁山北村》反映神策军欺压百姓之事，写了大量乐府诗讽喻时事，总之，没有歌功颂德的，与好友元稹一个脾气。作为排遣，他一有闲暇，便与山人朋友陈鸿、王质夫游山玩水。正是在朋友的鼓励催促下，他在周至的仙游寺完成了《长恨歌》的创作。

白居易规讽时事的诗作不胫而走，传入禁中，求贤若渴的宪宗见而悦之，元和二年十一月，召白居易为翰林院学士。要知道，当时的几位翰林院学士，都是品行端正的大人物，日后几乎都当过宰相。白居易写诗讽刺时政弊端，甚至对先皇也不乏批评，反而得到提拔重用，宪宗的心胸之开阔、中兴愿望之迫切不难看出。元和年间文学大师之所以层出不穷，堪与盛唐比肩，与宪宗朝开放而宽松的舆论环境密不可分。

元稹和白居易这对好兄弟很多地方都很相似，但在爱情及婚恋方面却相差甚远。元稹是一个风流才子、痴情种子，虽然比白居易小7岁，却恋爱史丰富，据说他写的《莺莺传》里就有自己的影子。元稹23岁就娶了京兆韦氏的韦丛，两情甚笃。而白居易在感情路上却很平淡，元和二年，35 岁的白居易终于告别单身生活，与友人杨虞卿从妹杨氏结婚。

这一年，可谓是白居易的幸运之年，没有了后顾之忧，皇帝又广开言路、锐意图治，他的讽喻诗越写越多，因为接地气，流传于贩夫走卒之口。元和三年，他又被任命为左拾遗，对朝政的谏言奏疏比元稹还多，之后数年朝廷的重大事件，都少不了他的身影。

第四章

元和三年

沙陀族归唐

第一节　策试风波

元和三年（808年）四月，宪宗亲自主持策试贤良方正直言极谏科的举人，伊阙县尉牛僧孺、陆浑县尉皇甫湜、前进士李宗闵指陈时政缺失，无所避讳。吏部侍郎杨于陵和吏部员外郎韦贯之为考策官，很欣赏他们的言论及勇气，署为甲等。宪宗也很嘉许，就诏令中书省擢升他们。

李吉甫当宰相后越来越在意相位，宰相肚里反而撑不起船了。他憎恶牛僧孺等人对执政者的抨击，向宪宗声泪俱下地辩解、控诉，并说翰林学士裴垍、王涯主持复试也不公，因为皇甫湜正是王涯的外甥，王涯却不声明回避，裴垍更是模棱两可。宪宗听信，于是罢裴垍、王涯翰林学士职，以裴垍为户部侍郎，杨于陵为岭南节度使。其他人更惨，韦贯之被贬为巴州刺史，王涯被贬为虢州司马；牛僧孺等人虽未被贬谪，但升迁却也是不可能了。

刚当上左拾遗的白居易看不惯了，上疏说："牛僧孺等人直言时政，已经恩奖登科，却突然又遭到斥逐。杨于陵等人主考，有勇气听取批评的言论；裴垍等人复试，尊重初试的结果，有什么错呢？竟然全都被贬官！他们都是受百姓尊重的人，大家都从他们在朝还是在野来判断国家兴败。一旦无罪而遭驱逐，则上下杜口，人心不安。陛下既然征召直言极谏的人，牛僧孺等人所对如此，即便不能推行，又怎么忍心贬斥他们呢！"

宪宗不可能不知道这事的影响，他毕竟不希望上下杜口，于是在九月借故将李吉甫调去做淮南节度使，并擢升裴垍为宰相。裴垍不同于其他权官，他心胸宽大，立身严正，欣赏爱批评政事的谏官，很有声望。

这次对策风波虽然算不上什么国家大事，却在多年以后显出它的严重后果来。

牛僧孺、李宗闵等人注定难以被埋没，此后15年间都多次担任宰相；而压制他们的李吉甫6年后即病死了，他的儿子李德裕才能出众，后来也多次为相，颇有政绩。可惜，因这次对策风波，以及后来另一场进士科举风波，这两派聪明人的矛盾越来越深，于是各引朋党，互相倾轧，导致中晚唐影响巨大的"牛李党争"，后来的唐文宗甚至发出感慨："去河北贼易，去朝廷朋党难！"

但是，在宪宗时期，结党营私的事情很难发生，他运用高超的政治手腕，平衡着各种力量，使他们发挥出积极面的合力。朋党之祸，主要还在于帝王的怠政和姑息。

第二节　沙陀归唐

让我们把目光从长安移向西北边疆。

安史之乱爆发后，朝廷将西域的河西（治所凉州）、陇右（治所鄯州）、安西（治所龟兹）、北庭（治所庭州）四大节度使的大批兵力调往内地参战，吐蕃趁机攻陷了青海、河西、陇右诸地，控制了河西走廊，甚至一度还攻陷了长安，西域与内地从此被隔绝。吐蕃在唐朝内乱时，总不忘侵占一些地盘。西域已成吐蕃和回纥争霸之地，而且吐蕃明显占上风，于是唐廷只好与回纥结盟来对抗吐蕃。

沙陀人为西突厥别部，曾经依附大唐，安史之乱后大唐势力消退，只好在吐蕃和回纥的夹缝中求生存。沙陀原名处月，分布在金娑山（今新疆博格多山）南、蒲类海（今新疆东北部巴里坤湖）东的名为"沙陀"的大沙漠一带。唐代文献将沙陀原来的名称处月译写成"朱邪"，作为沙陀首领氏族的姓氏。

大唐龙朔二年（662年），沙陀首领朱邪金山跟随薛仁贵在天山击败铁勒，因功被授予墨离军讨击使之职。后来因避吐蕃，沙陀人迁居北庭。

安史之乱起，朱邪金山之孙朱邪骨咄支参加平叛有功，唐肃宗授予他特进、骁卫上将军。他死后，儿子朱邪尽忠升任金吾卫大将军，封酒泉县公。安史之乱后，吐蕃占据河西走廊等地，沙陀与唐朝的联系受阻中断，只好依附吐蕃。

唐德宗贞元年中，吐蕃迁沙陀部至甘州（今甘肃张掖）。沙陀人善战，吐蕃每战，都用沙陀为前锋。有一次，回纥攻吐蕃，拿下凉州（今甘肃武威），吐蕃就怀疑沙陀首领朱邪尽忠暗通回纥，准备让沙陀人迁徙到河外极度荒凉的地区。沙陀人为此非常害怕，朱邪尽忠与其子朱邪执宜商量，执宜说："我们世代本为唐臣，不幸陷污，现在被吐蕃逼迫，不如率众归附大唐。"

元和三年（808年），沙陀部族3万人沿着乌德鞬山（今鄂尔浑河上游杭爱山之北山）开始东迁。三天之后，吐蕃大量追兵赶到，沙陀部且战且走，自洮水辗转血战至石门关，大小战斗数百次，朱邪尽忠阵亡，沙陀部众大半战死，吐蕃也损失惨重，暂时撤退。

负伤的朱邪执宜继续率领余众万余人、战马3000匹，投奔灵州（今宁夏灵武）归降。朔方节度使范希朝得到消息，亲自率军到边塞迎接，安排沙陀部在盐州（今陕西定边）居住，为他们购买牛羊，尽心优待安抚。朝廷还为之设置阴山府，任命朱邪执宜为阴山府兵马使。

沙陀人陆续至盐州会合，朱邪尽忠的弟弟葛勒阿波也率残部700人来投奔，唐朝任命他为阴山府都督。朱邪执

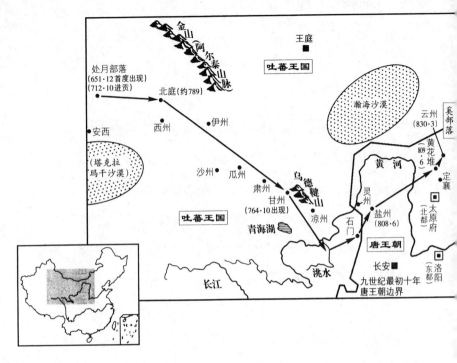

沙陀东迁归唐（选自《柏杨白话版资治通鉴》）

宜到长安朝见宪宗皇帝，宪宗赐给他金币袍马万计，授特进、金吾卫将军。

元和四年（809年），范希朝调任河东节度使，朝廷让沙陀族随迁。范希朝挑选沙陀勇士1200名，组成"沙陀军"，战斗力大大增强，其余部众被安置于定襄川（今山西定襄）。朱邪执宜所部居住于代北、河东一带，逐步汉化。

之后唐朝军队抵御吐蕃、防范回纥、出兵讨伐成德王承宗、平淮西吴元济、伐泽潞刘稹，都有沙陀军队矫健的身影，他们战功卓著，地位也不断提高。

60 年后，朱邪执宜之子朱邪赤心因镇压庞勋起义有功，升任大同军节度使，唐懿宗赐其国姓"李"，改名"国昌"。不过李国昌的儿子更有名，他叫李克用，做过河东节度使，出兵平定了黄巢之乱，挽救了大唐，功居首位，被封为晋王。朱温灭唐建立后梁，李克用仍用大唐年号，表示忠于唐朝，并与朱温势不两立，双方征战不休。后来他的儿子李存勖灭掉了后梁，建国名仍为唐，史称后唐。

第三节　大唐边事

沙陀族血战数千里回归大唐的壮举，让唐宪宗十分感动，同时也通过沙陀对西域的现状有了更多了解。因为河西走廊的陇右、河西被吐蕃吞并，唐朝实际上失去对北庭（天山以北地区）的控制已有多年，少量孤立无援的唐军坚守的安西四镇（天山以南地区）也先后陷落了。

宪宗打开地图，望着西北，只有叹息，国内尚且割据分立，恢复对西域的控制无异于痴人说梦。眼下边境最要紧的是做好防范，重整武备，伺机收复被吐蕃占领的河西、陇右地区（河湟故地，今甘肃、青海两省黄河以西区域）。

于是，元和三年（808年），宪宗恢复停止了10多年的科举武状元制度，亲自选拔武将。当年的郭子仪不就是武状元出身吗？他真希望大唐再出几个像郭子仪那样的武状元。大唐之所以强盛，是因为文武兼备，文化灿烂至极，重文却从不轻武。

每年秋季，唐军都要烧掉边界的牧草，以防吐蕃入侵将其当作战马饲料，并且修缮城池，完善甲兵，时刻不放松警惕。这一年，宪宗诏令先后在西北麟游、灵谷、良原、崇信、归化等地修筑了规模较大的军镇。

这一年，临泾（今甘肃镇原）镇将郝玭认为临泾地势险要，水草丰美，吐蕃入寇一定在此屯兵筑营，于是报告泾原节度使段祐，请奏筑临泾城，段祐奏报宪宗，宪宗立即同意。雄伟的临泾城筑成后，吐蕃军再不敢侵犯泾原。

十二月三日，置河西原州流亡州府于临泾城，以镇将郝玭为刺史，伺机收复原州。

10年后，平定了割据藩镇，宪宗把目光转向了西北边境，下令攻打吐蕃，收复失地。郝玭向吐蕃发起进攻，击败吐军2万人，收复了原州。灵州、夏州和西川的唐军也都发起大规模进攻，大败吐蕃军队，收复了部分安史之乱后的失地，这是后话。

元和三年二月底，咸安公主在回纥（788年，回纥改名为回鹘）汗国逝世。咸安公主是唐德宗的女儿，20年前，深明大义的她为了大唐的安宁，毅然前往回纥和亲，促成两国结盟，扭转了唐朝与吐蕃交战的被动局面，被认为是大唐和亲公主中功劳最大的一位。咸安公主在回纥的20年间，在当地很受爱戴，按胡俗的收继婚传统先后嫁给四位可汗，也可谓忍辱负重。白居易元和二年写了《阴山道》一诗来赞颂咸安公主。咸安公主去世后，唐宪宗伤心不已，废朝三日，赠其为燕国大长公主，又命白居易撰写祭文。

咸安公主去世几天以后，回纥第九任可汗也去世了。五月，宪宗册封了新任可汗。

回纥王族像（新疆伯孜克里克石窟）

再把目光投向西南。这一年，已起兵 15 年的西原（广西西南部少数民族）酋长黄少卿投降。宪宗任命他为归顺州（今广西靖西县）刺史，任命其弟黄少高为有州刺史。

这一年，南诏国的第三任国王异牟寻逝世，报告给唐廷后，宪宗命白居易写了一封致南诏国的敕书，内容包括唐朝遣使吊祭和册封新国王寻阁劝等。说起来，十几年前南诏归唐，寻阁劝就曾代表其父来长安朝觐德宗，受到空前的礼遇。想起这些，白居易又写了一首长诗《蛮子朝》，纪念这桩盛事的前因后果："异牟寻男寻阁劝，特敕召对延英殿。上心贵在怀远蛮，引临玉座近天颜。冕旒不垂亲劳俫，赐衣赐食移时对。移时对，不可得，大臣相看有羡色。可怜宰相拖紫佩金章，朝日唯闻对一刻。"

唐玄宗开元年间，南诏皮逻阁依附唐朝，统一了依附吐蕃的其他五诏和河蛮部落，得以建国，玄宗封他为云南王，用以在南疆对抗强大的吐蕃。但是剑南节度使鲜于仲通和云南太守张虔陀却一向瞧不起相对落后的南诏，多次待之以不礼。天宝九载（750年），阁罗凤路过姚州，云南太守张虔陀勒索贿赂，甚至侮辱索要王妃，阁罗凤不答应，张虔陀派人去辱骂，并向朝廷诬告阁罗凤。愤怒的阁罗凤哪里受得了这种侮辱，起兵反攻杀了张虔陀。

天宝十载，剑南节度使鲜于仲通率兵八万出击南诏，阁罗凤遣使谢罪请和，说明曲直，表示愿意归附于唐朝。鲜于仲通不许，进军至西洱河，兵临南诏太和城，却被阁罗凤击败，死伤 6 万人，阁罗凤从此依附了吐蕃。吐蕃册封阁罗凤为"赞普钟"（赞普之弟），两国成为兄弟之国。3 年后，剑南留后李宓率兵七万进攻南诏，在南诏和吐蕃夹击下全军覆没。

阁罗凤在太和城中立有《南诏德化碑》，表示叛唐实在出于不得已，并对部下说，后世可能又会归唐，应当指此碑给唐使者看，以明白他的本心。

大历十四年（779 年），唐德宗派遣大将李晟、曲环率北方兵数千，联合当地唐兵，大破吐蕃南诏联军，吐蕃南诏联军损失超过 10 万人。吐蕃悔怒，改封南诏王为日东王，取消兄弟之国的地位，改为君臣关系，还在南诏征收重税，设立营堡。南诏王异牟寻（阁罗凤之子）深为不满，想起父亲立的那块大石碑，想要弃蕃归唐。

经过他多番上表辩解、申请，唐廷终于同意了。但吐蕃多次从中阻挠，为确保归唐顺利，当时的剑南西川节度使韦皋联合南诏，接连对吐蕃用兵并获胜。于是在德宗贞元十年（794 年），南诏在洱海边的点苍山神祠与唐朝使臣举行盟誓，宣誓归唐，永无二心。唐廷册封异牟寻为南诏王并赐南诏印，由云南安抚使节制。从此西南局势也基本安定了。

西边的邻国吐蕃在安史之乱后与唐朝的力量对比发生了根本性的变化，这时的它甚至有实力与中亚的大食帝国争霸，自然不愿意看到东边的大唐又得到中兴。大唐削藩之战，它时不时会骚扰一下边境，掠夺一些牲畜财产。但是与谋求重新崛起的大唐及其盟友回纥、南诏为敌，吐蕃真的想好了吗？

第五章
元和四年
吐蕃也请和

第一节　吐蕃请和

自唐代中期以来，吐蕃是对唐朝政治、经济、军事影响最大的周边民族。贞观十五年（641年），唐朝以宗室女文成公主嫁给松赞干布。文成公主进藏时带去了大量物品，也带去了很多工匠，传去了中原文明。唐高宗时，吐蕃又从内地引进了蚕种，唐朝并派酿酒、制碾硙、造纸墨的工匠到吐蕃传授技艺。景龙四年（710年），唐朝宗室女金城公主嫁给尺带珠丹赞普。吐蕃还通过互市，向唐朝购买茶叶、丝绸等物品。

当时唐朝对吐蕃总体处于优势，与吐蕃联姻也是文化交流的最好方式。开元十七年（729年），尺带珠丹向唐玄宗上表说："外甥是先皇帝舅宿亲，又蒙降金城公主，遂和同为一家，天下百姓，普皆安乐。"

当时也发生过一些冲突，但唐军胜多负少，长期控制着河西和陇右，还逐步控制了西域，在西域设置了安西都护府和北庭都护府。

国家之间没有永远的朋友，安史之乱使得唐蕃力量发生了变化，连回纥都一度歧视大唐、进攻大唐，何况是吐蕃。唐肃宗、代宗以来，吐蕃渐次占领了河西、陇右，关中平原也近在眼前，代宗甚至不得不逃出长安。德宗建中之乱时，难以东西两线作战，于建中四年（783 年）和吐蕃清水会盟，双方约和，互不侵伐。

几个月后就发生了泾原兵变，唐廷危在旦夕，无奈向吐蕃请求出兵收复长安，条件是割让西域的飞地北庭、安西——两镇在两年前才终于联系上了朝廷，朝廷才知道两镇坚守了这么多年竟然还基本存在。吐蕃无利不起早，出动两万军队与唐军在武功大败朱泚叛军，之后却撤兵西去，未参与收复长安，宰相李泌因此不答应将北庭、安西等地割让给吐蕃，只许厚给缯帛。吐蕃大相尚结赞认为唐朝食言毁约，决计报复。贞元二年（786 年），吐蕃进攻泾、陇、邠、宁等地，但屡被唐将李晟所败，于是卑辞求和，再次请求会盟，实则想一举除掉大唐对其最有威胁的三大名将——李晟、浑瑊和马燧，然后进军长安。

贞元三年（787年），吐蕃请求会盟于平凉川，埋伏精兵三万准备劫盟。德宗一心想联盟吐蕃以报当年回纥辱己之仇，不顾众多大臣的反对，在吐蕃离间之下，解除了李晟的兵权，派大将浑瑊等人率三千兵马前去结盟。结果中计，浑瑊独自一人逃脱，副元帅判官路泌、会盟判官郑叔矩等60余人被吐蕃军扣押，唐军死500余人，1000余人被俘，之后吐蕃大掠唐地三万多民众而去，史称"平凉劫盟"。面对如此奇耻大辱，唐德宗在宰相李泌先后16次的请求下，渐渐放弃对回纥的成见，贞元四年（788年）与回纥和亲（即上文提到的咸安公主）并结盟，回纥对唐称臣。贞元七年（791年），吐蕃再次进犯大唐，回纥出兵迎战，吐蕃遭到空前大败，不久南诏也背离吐蕃回归大唐。

之后吐蕃不断请求和解结盟，路泌的儿子路随（一作路隋）当年还不懂事，长大后知道父亲被俘还活着，思念父亲，日夜哭泣。当他得知吐蕃请和，推己及人，想到失去亲人的上万家庭有机会团聚，便三次到皇宫前门哭泣悲号，呈递奏章，希望德宗接受吐蕃请求，这样吐蕃就会归还数万俘虏和自己的父亲。此举感动了德宗，德宗派中使出来向他解释说：吐蕃狡诈，难以取信，需等待其进一步示诚。但数年间，吐蕃未能证明诚意。

宪宗即位后，因对藩镇用兵，无暇西顾，刚好吐蕃也面临西边大食帝国的威胁，较少侵扰边境。

元和三年，吐蕃追击沙陀之战，使得善战的沙陀族归唐，加上北有回纥，南有南诏，都与唐军联合；唐军在边界也烧草筑城、加强武备，即便吐蕃寇边也很难全身而退。于是在元和四年（809 年），吐蕃再次向宪宗请求和解、结盟。路随更是一连五次上疏请求同意和解，宰相裴垍和李藩都为他说话。宪宗对此谨慎同意，五月，派祠部郎中徐复出使吐蕃，一探虚实，并让白居易以灵、盐、平等州节度使的名义给吐蕃北道节度使论赞勃藏写信，表示愿意和解，恢复两国和同一家的友好关系。

这次吐蕃为表诚心，将已去世的路泌和郑叔矩等人的遗骨归还唐朝，并释放了俘虏。作为回报，唐廷也释放了

《客使图》（唐代壁画）

数次战争的俘虏。可以想见，那段日子里，大唐与吐蕃的军属们到处上演着感人的团聚场面，而那位年轻的路随，终于了了人生的一大心愿。在父亲的棺椁前痛哭过之后，他开始为国效力，第二年被授予左补阙之职，当上了谏官，20多年后当上了宰相，以直言鲠亮著称。

因宪宗要求吐蕃归还陇右3个州才能谈结盟，故本次唐蕃只能算是和解，但却比当年双方的清水结盟持续的和平时间更久。此后双方多次互派使者，增设互市地点，关系稳定发展，一直持续到元和十三年，为元和平藩减少了后顾之忧。

第二节　整顿吏治

吐蕃请和，边事自然安定，平藩只待合适时机了。在这之前，唐宪宗需要好好整顿一下吏治，整饬冗官，提拔贤才。

宪宗知人善任，信任宰相，但并不表示他能容忍下属的不作为。宰相郑絪当年谋立有功，但现在却变得因循敷衍，遇事很少表态，只求明哲保身，缺乏改革的锐气。元和三年二月，宪宗免除了他宰相一职，擢升李藩为宰相。李藩知无不言言无不尽，在当给事中时，凡认为诏书不妥当的，就在诏书末端写下他的反对意见，办事官员请他另外用白纸连接，李藩说：那就是"写状"，怎能叫"批诏"呢？裴垍因其有宰相气度而荐举他。

河东节度使严绶，在职九年，但军政大权都掌握在监军宦官之手，他很少负责，凡事不作为，但求无过而已。宪宗知道后，诏他回京任职，另派凤翔节度使李鄘接任。

对拥立过自己的大宦官如俱文珍、刘光琦等人，宪宗也并未给予更大权力。刘光琦曾借着宪宗下诏大赦的机会，建议派宦官携带大赦令到各地宣诏，想乘机勒索贿赂，裴垍、李绛反对说："钦差所至，只会烦扰地方，不如交给驿马加急传递。"宪宗同意了。刘光琦抗议说："大赦令由中央派专人宣达，这是一直以来的惯例啊。"宪宗说："惯例对的，可以遵守；惯例不对，为何还要坚持？"

当年大旱，宪宗准备颁布诏书慰问，翰林学士李绛、白居易上疏提了很多条建议。于是，闰三月三日，宪宗对天下罪囚减刑、免除赋税、放还宫人、禁止进贡、禁掠卖人口，皆如二人所说。10天后，果然天降大雨，百官称贺。

四月，山南东道节度使裴均在皇帝禁止进贡后，仍然进奉银器1500两。李绛、白居易等人上言说："裴均想以此试探陛下下诏是否真心，希望陛下拒绝。"宪宗即命交出银器，付与度支收入国库。但接下来的事让我们看到了宪宗的另一面，事后不久，宪宗下诏给各藩镇和道的进奏院说："今后，凡向中央进贡，不必通报御史台，有人查问，就把他的名字报上来。"白居易上疏反对，但宪宗这回没有接受。

七月，御史中丞李夷简弹劾京兆尹杨凭贪赃枉法、奢侈豪华、僭越体制。宪宗查实后贬杨凭为临贺（今广西贺州）县尉，且命人收没杨凭的家产及人口，李绛劝阻说："按照惯例，除非是谋反叛乱，否则不能将其家人没为宫奴。"宪宗只好罢手。

　　河东节度使王锷善于搜刮，一年不到，就把各项经济、战备指标弄得非常好看，内臣收受贿赂，自然异口同声称赞他公务出色、政绩显著。他又不失时机地向皇帝进贡家财30万缗，宪宗又动了让他遥兼宰相的念头。宰相李藩和权德舆、李绛全都站出来反对。在前一年，当时担任淮南节度使的王锷就请求遥兼宰相，被白居易义正词严地批驳，宪宗只好搁置。这次反对的人更多，地位更高，宪宗也只好再次打消了这个念头。但从中不难看出宪宗人格的复杂性，不过想让相权在人治的时代制衡皇权，也不能抱太大希望，唐宪宗在古代帝王中已经算是不错的了。

　　有一次，李绛在轻松的氛围下，趁机规劝宪宗不要聚敛那么多钱财。宪宗道出了原委："宫中的花费一向节俭，朕不需要存那么多钱。河南河北数十个州，政令不达，河湟广袤土地，仍沦陷于吐蕃，朕夙夜想洗刷祖宗之耻，而苦于财力不足，所以不得不开始储备啊。"后来历次平藩之战，宪宗果然倾尽内库的钱财支援官兵。

宪宗刚登基时贬斥"二王八司马"，每次颁发大赦令，都要规定"八司马"遇到大赦也不能调往内地。这一年，吏部尚书兼盐铁转运使李巽奏报说："郴州司马程异（永贞被贬的'八司马'之一），行政经验丰富，头脑清晰，有理财专长，请任命为扬子留后，负责财务管理。"宪宗批准了，程异确实是个能吏，善于为国理财，甚至比李巽还要能干，最终做到了宰相，但其他几位当年被贬的司马就没有那么好的运气了。

左神策军军官李昱向京城富人借钱 8000 缗，三年期满仍不偿还，京兆尹许孟容逮捕了他，投入监狱，命他在指定日期前偿还，否则斩首。神策军中尉向宪宗求救，宪宗让把李昱交给神策军处置，许孟容不听，说："我不肯接受诏命，该当死罪。然而，我为陛下担任京畿首长，如果不去约束地方上的恶霸豪强，怎么能够使京城祥和清净呢？没有将钱完全清偿，李昱就不能放。"宪宗嘉许他的刚强正直，便答应了他，京城因此震动，神策军也因此收敛了许多。

这一年，左神策军中尉宦官吐突承璀领功德使，修缮安国寺，奏立圣德碑，高大华美如玄宗所立的《华岳碑》一样。碑楼落成，请敕翰林学士撰文，并准备了 1 万缗钱。宪宗命李绛执笔，李绛说："尧舜禹汤，都不曾立碑自言圣德，惟秦始皇于巡游所过，刻石高抬自己，不知陛下想效法谁呢？"宪宗感到羞愧，于是命人曳倒碑楼。承璀说碑楼太大，拖不动，宪宗厉声说："那就多用几头牛拉！"最后用了 100 头牛才把碑楼拉倒。

第三节　发兵成德

元和四年（809 年），河北三镇之一成德的节度使王士真（王武俊之子）去世，其子副大使王承宗自任留后，欲行河朔故事，请求朝廷批准。河北三镇自行设立的副大使一职，一般由节度使的嫡长子担任，在父亲死后即接任节度使，简直就等同于准节度使。

可惜王承宗没有元和元年的李师道那么幸运，那时宪宗初登基，不敢贸然两线作战，加上李师道主动示弱，于是就忍了。而这时的宪宗已执政四年，先后平定了西川、夏绥、镇海，和平招抚了山南东道和广西南蛮，沙陀与南诏也再次归唐，连宿敌吐蕃都和解了。就是说，就等待着一个合适的机会，介入到河北三镇问题中呢。

那么，王承宗必须要有足够的耐心等待朝廷的批复了。

宪宗想利用成德王士真之死，革除河北三镇军阀世袭之弊，准备由中央派遣节度使，如果成德军抗拒，就出兵讨伐。宰相裴垍有自己的看法，他说："淄青李纳嚣张跋扈，是建中之乱祸首之一，而成德王武俊当年击败卢龙朱滔，有功于国家。陛下四年前同意了李纳之子李师道的请求，今天却拒绝王武俊之子王承宗，尺度不一，恐怕他们会不服。"

宪宗说："河北三镇的卢龙节度使刘济、魏博节度使田季安也都卧病在床，他们若死了，难道要容许他们跟成德一样交权给儿子？很多人都说现在是个关键时刻，劝朕不可错失良机。你们怎么看？"

翰林学士李绛说："有些人看到西南平西川、东南削镇海易如反掌，就盲目自大。要知道，西川和镇海都不是能长期割据之地，他们四周邻道都是服从中央指挥的。刘辟、李锜疯狂，部下并不顺服，他们只能以利相诱，中央军一到即刻瓦解，因此，我们几个当时也主张陛下讨伐。而成德的情况完全不同，周边的卢龙、魏博、淄青、横海等藩镇都是世代相袭的割据势力，不遵奉教化近50年，谁能不愤恨呢？但如果讨成德一镇，周边这些藩镇为了维护河朔旧事，必定暗中勾结，不但难以一一讨平，反而可能导致建中之乱那样的兵祸。现在出兵成德，时机并不恰当。"

左神策军中尉吐突承璀知道宪宗的心思，想立下军功夺裴垍的权，便请求宪宗让他统兵征讨成德，宪宗疑而不决。

半割据的昭义（又称泽潞）的节度使卢从史在家守父丧，过了很久朝廷都没有征召他复职，他有些担忧，便通过吐突承璀报告宪宗，愿意出动昭义军讨伐王承宗。宪宗当然高兴，于是令他复职。昭义位于山西、河北一带，安史之乱后的首任节度使薛嵩（即薛刚的原型）与河北三镇首任节度使一样是安史降将，但薛嵩家族并没有行河朔故事父子相传，而是死后从军将中选拔下一任，已成惯例。

这时，割据已久的淮西节度使吴少诚病重，李绛对宪宗说："淮西的情况跟河北不同，它的四周都是效忠中央的州郡，没有割据藩镇，得不到外来援助，中央可以在吴少诚死后派遣节度使，万一淮西不接受，可以考虑讨伐。希望陛下放弃讨伐很难成功的成德，而坚持对淮西出兵。否则，讨伐成德之时，淮西生变，朝廷怎能有财力支持南北同时开战呢？恐怕到那时还得赦免王承宗。不如现在赦免王承宗，收揽成德人心，然后等待吴少诚病死，收复淮西。"

宪宗同意暂缓讨伐，准备先任命王承宗为成德留后，割德、棣二州另立一镇，以分散其势力，并让王承宗像李师道当年那样贡赋税、申报出缺官职，顺服朝廷。于是遣使到成德宣慰，同时私下谈判，王承宗接受诏书，态度恭敬，表示愿意献出德、棣二州以表诚心。于是皆大欢喜，宪宗也有了面子，王承宗也得了朝廷诏命，名正言顺地当上了成德节度使。

同时，宪宗任命德州刺史薛昌朝（薛仁贵后代，薛嵩之子）为保信军节度使，兼德、棣二州观察使。薛昌朝乃王氏女婿，虽朝廷意在分权，王承宗也不好说什么。可是相邻藩镇不愿成德开分割的先例，魏博节度使田季安从中挑拨，对王承宗说："薛昌朝暗中与朝廷来往，所以朝廷擢升他。"王承宗听后立刻派数百精锐快马加鞭赶到德州，把薛昌朝抓了起来，囚禁在治所恒州。朝廷中使携带给薛昌朝的诏令经过魏州时，田季安故意留中使欢宴多天，等中使赶到德州，才知道发生了巨变。

宪宗知道后派宦官训诫王承宗，命他送薛昌朝回任，王承宗却拒不奉诏。十月十一日，大怒的宪宗下令削夺王承宗官爵，以吐突承璀为总指挥，给了一大堆统帅名号，命他率军征讨成德王承宗。

这一任命激怒了朝官，白居易首先上疏说："中央军出战，统帅应为正规的将军，自从开天辟地以来，也没有过把中央军统帅和都统交给一个宦官的先例。难道陛下忍心让后人传说这个很坏的先例来自于陛下您吗？何况，范希朝、卢从史、张茂昭等将军一定觉得受没打过仗的宦官指挥是一种羞辱，到时军心不齐，如何取胜？"

对于谏官、御史接连不断地抨击吐突承璀掌军出征，宪宗置之不理。

十月十六日，延英殿朝会上，盐铁使李鄘、京兆尹许孟容、御史中丞李夷简、给事中吕元膺、翰林学士李绛等人一致反对用宦官做统帅，李绛更是指控揭发宦官的骄纵和历来对朝政的干涉，要宪宗以史为鉴，不要宠信宦官。他们不知道，对于宦官，宪宗是以家奴视之，并不专宠，之所以有时重用宦官，主要是为了平衡朝官的力量。高明的皇帝，总是喜欢玩平衡术。

对于朝官的反对意见，宪宗只是削去了吐突承璀四道兵马使的职务，改处置使为宣慰使而已，其余还照旧。

十月二十七日，吐突承璀率神策军从长安出发，奔赴一场在他看来绝对会取胜的战争，等他凯旋之日，不世的战功足以压倒所有的宰相和朝官。宪宗同时下诏让成德四周的藩镇也出兵讨伐王承宗，陈几倍兵力于成德四周，看他还能坚持多久。

魏博节度使田季安坐不住了，他召集将领说："中央军不过黄河已有 25 年了，而今越过我们魏博去讨伐成德，唇亡齿寒，我们该如何是好？"有位将军主动请缨，说："给我五千骑兵，我就有把握解除主公忧虑！"田季安兴奋地说："壮哉！我决定了，魏博大军即日出动，迎击中央军，反对者格杀勿论！"

上一次河北藩镇联合反叛，朝廷以藩治藩，结果派谁谁反，整出个"建中之乱""泾原兵变""二帝四王之乱"来，双方都元气大伤，朝廷几十年未敢再发兵讨伐，于是形成了现在的局面。这次，如果魏博跟着成德造反，恐怕拉上淄青和淮西都不是难事，那卢龙（幽州）又该站在哪边？会不会又来一场"元和之乱""××兵变"？

在这关键时刻，一个卢龙派来的使者阻止了局势的恶化，而这个人出的主意并非其主公的意思。他叫谭忠，代表卢龙节度使刘济（刘怦之子）出使魏博。严格来说，节度使之间私下互派使者往来，是违反大唐国法的。刘济派他出使的目的未见记载，恐怕也有商量对策的意思，毕竟河北三镇在维护河朔故事的利益上是一致的。谭忠是绛地（今山西绛县）人，其祖父谭瑶于安史乱起时在河南当县令，死于叛军之手。而谭忠出生于动乱中，长大后为人豪迈雄健，爱好谈兵，刘济很看重他，给他数千军队戍守北部边防，后又调回幽州做亲将。说起来卢龙在河北三镇中面积最大，对北部契丹、奚的防御贡献最大，虽节度使继承上也行河朔旧事，但比起成德、魏博两镇，卢龙违抗中央的事做得最少，这里面恐怕也有谭忠的一份功劳。

谭忠探听到田季安的阴谋后，倒吸一口凉气，要求晋见田季安，想要阻止魏博共同反叛。他想好了一些话，但又必须从魏博镇的利益出发，而且绝对不能让田季安看出自己身在河北心在中央。他说："若按您的计策，那就是引天下之兵攻击魏博啊。往年中央取西川、夏绥主要靠宰相之谋，如今中央军越魏博伐成德，不派老臣名将而专门交付给宦官，而且亲派中央的神策军，这是天子自己的计策啊，他想用胜利让臣属们五体投地地敬服自己。若大军还没到成德，就先被魏博消灭了，那就是说天子的智谋不如宰辅，他怎么能忍受这种耻辱呢？那时他必然知耻后勇，用智士之谋略，派猛将强兵，再渡黄河，而且不会攻打成德，而是全力进攻魏博啊。"

田季安问："那我该如何做？"

谭忠说："中央军进入魏博，您好好犒劳，然后动员兵力讨伐成德，暗中与成德商议，让成德让出一个县，作为魏博的战果向中央交差，然后就不再向前推进，对成德也算有个交代。这样，中央、成德两不得罪，利益得到维护，一定会安如泰山。"

田季安听后很高兴，于是照计实施。

谭忠回到幽州，计划用激将法逼刘济出兵讨伐成德。

正巧刘济也在召集部下讨论战事，刘济说："天子知道我们和成德有世仇（指当年成德王武俊攻打幽州朱滔事，朱滔死后，军将推举其表弟刘怦继任），肯定下令让我们讨伐，而成德也肯定对我们严阵以待。讨伐或观望，哪个符合我们的利益呢？"

谭忠抢先回答说："天子绝不会让我们讨伐，成德也不会戒备我们！"

刘济大怒，说："你怎么不直接说我跟王承宗一起叛乱？"他让手下将谭忠下狱，然后派人去边境侦察，成德居然真的毫无戒备！第二天，朝廷诏书来了，命刘济专心守护北疆，防范蛮夷，不用参与讨伐王承宗。刘济大惊，释放了谭忠，问他怎么能预先知道这些。

谭忠说："昭义节度使卢从史表面与卢龙亲善，实际上对我们非常猜忌；表面上与成德决裂，实际上则暗通成德。他为王承宗谋划，说卢龙把成德当成防范中央的屏障，虽有旧怨但不会自毁屏障，不必防备卢龙。然后卢从史必然以此为理由，上疏说卢龙与成德联手背叛，因此天子起了疑心，为防意外，他一定不会让卢龙参与讨伐。"

刘济发出了和田季安相同的疑问："现在该怎么办？"

谭忠不失时机地说："天下人都知道卢龙与成德结仇，如今天子讨伐成德，您手下十余万军队，却无一人南渡易水，这正使昭义卢从史的说法坐实。卢龙将士身怀忠义之心，却背上包庇成德、背叛中央的恶名，请君仔细考虑。"

刘济心中已经拿定了主意，他即刻下令三军："众将听令，五日之内，全军出发讨贼，违令者斩！"于是他任命长子刘绲为副大使，留守幽州，自己抱病亲率七万大军进发。此一去，刘济再也没能活着回来。

顺便说一句，11 年后，已成老将的谭忠又说服刘济之子刘总入朝，结束了卢龙的割据史。

　　成德仅有数州之地，面积比西川小很多，朝廷征发周边的河东、河中、义武、横海、昭义、魏博、淄青六镇近 20 万人，数倍于当年讨西川的兵力，加上左右神策军和主动出击的卢龙军，从四面发动进攻，刚上台的契丹人王承宗能承受多久呢？传说中河北藩镇的战斗力到底如何呢？德宗当年没能完成的心愿，宪宗能一举成功吗？

　　本年十一月二十七日，淮西吴少诚病死，家仆假传吴少诚之命，召回吴少阳摄副大使。吴少阳并非吴少诚族亲，但吴少诚宠信他，认他为堂弟，让其随意出入吴家。没想到吴少阳回来后，第一件事就是杀了吴少诚的儿子吴元庆，真应了李绛当时的预测。但讨伐王承宗的大军已经进发，朝廷无力再讨伐淮西，只好暂时任命吴少阳为留后，错过了这个绝好的机会。

第六章

元和五年

成德初受挫

第一节　陷入僵局

元和五年（810 年）正月，当其他各镇兵力还没有向前推进的时候，卢龙刘济孤军勇进，攻陷了饶阳、束鹿两地，毙敌万人。之后，河东王荣攻陷了洄湟镇。

在这形势有利的时候，总指挥吐突承璀终于抵达了前线。果真如白居易所言，各军将领都不尊重这个没带过兵的宦官，他建立不起威信，便想用行动证明自己的能力。他让神策军发起攻击，没想到却屡战屡败，连左神策大将军郦定进也阵亡了，郦将军曾在平西川之战中生擒刘辟，是一员骁将。神策军因此畏惧成德军，丧失了勇气，不敢再前进。

这时的战场形势，通过白居易要求罢战的奏折可以看出来。

神策军和昭义军进入成德边境后，连遭败绩，不肯再进，一方面是畏惧拖延，一方面也是力量太弱，发动不起攻势。而河东军和义武军推进到新市镇之后，竟无法通过。卢龙军算是表现最好的，竟然在围攻乐寿之战中，迟迟难以攻克。至于淄青李师道和魏博田季安，本来就指望不上，还和成德定下密约，各自象征性地占了一个县后就停下来了。这样的情势，怎么会获胜？白居易说："以臣愚见，必须结束这场战争。若迟疑不决，则有四大弊害：痛惜有二，忧虑有二。"

简言之，白居易第一痛惜战争拖延造成的军费成本，那都是百姓血汗，为什么要去给河北军阀呢？按照当时的规定，朝廷征发藩镇的军队作战，出境之后的开支都由中央承担，每月按人头以固定的数额支付，称为"出界粮"，七八支军队20多万人，这可是一笔极大的开销，也是一种很大的浪费。

第二痛惜的是淮西吴少阳被中央任命，法理上将难以拒绝王承宗，以后藩镇自己做主，中央难有权威恩信。

白居易第一忧虑的是战场士卒沙场境遇和军心不稳，

第二忧虑的是吐蕃和回纥间谍刺探大唐实力，担心边境安全。

宪宗也没料到成德军竟然如此强大，但为了君王和帝国的威信，他觉得没有退兵的理由，何况开战才三个多月，可以再等等看，平西川不也用了七个月吗？可他忘了，平西川的时间主要浪费在崇山峻岭及险要的关口，而成德除了西边有太行山，其他都在河朔平原，纯属硬碰硬。目前看来，河北藩镇几十年的军人政权，向朝廷显示出了它的实力；而成分混杂、互不团结的讨伐军的止步，也从反面显示了任命好统帅的重要性。

昭义节度使卢从史为了自己复职，第一个鼓动朝廷讨伐王承宗，实现自己的目的后，便拖延逗留，不肯前进；手握据称是当时最精锐的部队，非但没有任何战绩，反而屡次制造麻烦，勾结王承宗，提高粮草价格增加中央支出；暗示朝廷让他遥兼宰相，还指责其他部队跟叛军勾结，劝中央军不要向前推进。宪宗对此深为厌恶。

这时，卢从史的牙将王翊元到朝廷办事，宰相裴垍接见他，劝他从正，王翊元表示愿意效忠朝廷，说出了卢从史的阴谋。他回去后和兵马使乌重胤一商量，想好计策，但还得宪宗点头。裴垍报告给皇帝后，宪宗考虑了很久，昭义军与河北三镇关系密切，如果一着不慎，恐怕将会激起兵变；但如果成功，昭义的割据问题也会得到解决，对河北三镇是个重大威慑。于是他不再犹豫，批准实施。

卢从史一向交结吐突承璀，知道他的指挥能力和部队的战斗能力低下，经常过来与其一起赌博。这一次，吐突承璀邀请他来赌博，卢从史像往常那样去了。吐突承璀和副官仇士良、行营兵马使李听（名将李晟之子）捉拿了他，并连夜用囚车送出昭义，驶向长安，之后昭义军发生的小规模骚动被乌重胤平息。后宪宗任命乌重胤为河阳节度使，孟元阳为昭义节度使，贬卢从史为骥州（越南荣市）司马。昭义军3000多人不服，趁夜间逃奔到了魏博镇。

清除了卢从史这个障碍，朝廷收回了昭义的控制权，讨伐战争终于有了点起色。四月，河东节度使范希朝和义武节度使张茂昭在木刀沟大败王承宗的军队。卢龙刘济终于也攻克了安平。

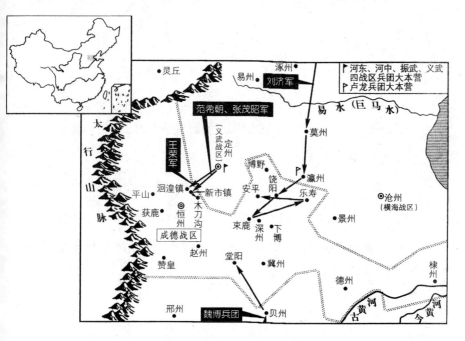

吐突承璀讨王承宗形势图（选自《柏杨白话版资治通鉴》）

　　但捷报并未频传，战争又陷入僵局。以藩治藩且互不隶属，多次被证明是很难打胜仗的，不同的利害关系支配着各节度使的行为。他们有出兵的义务（表忠心）和动力（出界粮），却没有拼死力战的动力，而且有的还有唇亡齿寒的担忧，所以出兵小胜然后按兵不动是最常出现的状况。

　　时间拖到了这一年六月，白居易再次上疏请求罢战。宪宗内心对这场战争也开始后悔起来，但又不愿意面对这群敢于抗言的翰林学士，一个多月没有召见他们。曾经有

117

一次，白居易在宪宗面前脱口而出"陛下错了！"，宪宗脸色都变了，马上拂袖回宫，对承旨学士李绛说："白居易一个小官，说话没有分寸，把他调离翰林院吧。"李绛说："白居易性子直，说话欠婉转，但对国家却竭尽忠诚，调离他恐怕会让天下人封口，这样陛下就听不到真实意见了。"宪宗听后很欣慰，于是还和以前一样对待白居易。

第二节　无功而返

时间来到了元和五年七月，中央征调了二十多万军队，征讨了大半年，开支了700余万缗经费，使得国库甚至皇帝的内库都空虚了，结果却没有达到目的，成德本部岿然不动。中央军最大的困窘在于财力不济，进退失据。但为了面子，还不能马上撤军，否则威信尽失，宪宗承受不了。

王承宗看出了症结所在，他其实也已捉襟见肘难以支持了，刚好朝廷处理了卢从史，于是派人到长安，辩解说自己是被卢从史挑唆的，如今愿意呈交税赋，官职出缺由中央任命，请求给自己改过自新的机会。淄青李师道等人也多次请求朝廷为王承宗平反，宪宗正想找机会退兵，有了这个台阶，于是下诏为王承宗平反，正式任命他为成德节度使，并且将德、棣二州交还给成德。各镇讨伐军退兵，朝廷赏赐布匹28万端。

还有一个人不能不赏赐，否则卢龙军人会不服，后果比较严重，那就是自主出兵的刘济。刘济当卢龙节度使10多年，在河北三镇中相对最安分。幽州地处大唐北境，常受乌桓、鲜卑等族侵扰，刘济曾率军攻击，深入1000余里，俘虏了很多敌人。

这次讨伐王承宗，他的表现也是可圈可点，可惜病重，不能更深入。朝廷加他官爵，另授他中书令，遥兼使相。可是他还没等到中央的嘉奖令，就突然中毒身亡了。

原来他死于次子刘总之手。刘总随父亲出兵，本以为可以立功，从而有机会同其兄竞争，结果却没能如愿。于是他在父亲病重的时候跟判官等人策划夺权，先是散布朝廷将任命其兄、副大使刘绲为节度使的谣言，让刘济疑心长子逼宫，诛杀了数十名与刘绲交好的大将，又派人召刘绲前来对质。那天刘济气得一天都没吃饭，口渴了要喝水，刘总趁机在水中下毒毒死了父亲，然后假传父亲之名杀了兄长。

联想到河北藩镇的弑父传统，从安庆绪到史朝义都是"好榜样"，但连父亲和亲兄弟一起杀死的，恐怕就只有这个刘总了。

一波未平，一波又起。成德王承宗刚刚通过一场大规模战争艰难地继承了父业，卢龙的变局，朝廷又该如何应对呢？何况，魏博的田季安也快不行了，河北三镇要集体换班吗？其他藩镇都在看着朝廷会如何处置呢。

刘总的故事还没完，这个似乎万人可杀的孽子，因为朝廷的支持，后来又出兵讨伐过王承宗，颇有战功。元和末，荣华富贵10年后，刘总居然做出了让全天下人都惊愕不已的决定：放弃一切，落发为僧！原来他杀害父兄后，心常自疑，多次夜间看到父兄的身影，于是供养数百僧人超度父兄。他睡不着觉，吃不下饭，恐惧得快要崩溃了，最后决定放开一切权位与荣华富贵，剃度出家，远离幽州。

朝廷赐他官职他都不接受，只好赐他法号大觉师。他在行至易州马上要出卢龙界的时候突然暴卒，难道冥冥之中父兄要他死在卢龙赎罪？

九月二日，吐突承璀从前线返回长安，同他出兵时一样，总是姗姗来迟，宪宗任命他为左卫上将军，兼左神策军中尉。宰相裴垍抗议说："吐突承璀首倡讨伐，结果毫无功劳，民穷财困，就算不杀他，也该贬黜他，让他向国人认罪！"李绛和给事中吕元膺、段平仲等人都上疏要求诛杀吐突承璀以谢罪。宪宗无奈，只好免除了他的官职，改任军器使，为此朝官和地方官都拍手叫好。

义武节度使张茂昭，接其父张孝忠的班，父子二人统治义武近30年。义武本是唐德宗时从成德分出的军镇，是唐朝遏制河北三镇的桥头堡，父子效忠朝廷，却毕竟身处大河以北，河朔之风强过中原风物。张茂昭不想继续割据，请求朝廷派人接替他，自己准备全族入朝，不再行河朔故事。河北军阀纷纷劝阻，但他心意已决，不再回头，前后四次上疏要求入朝。主动舍弃节度使而愿意入朝，对朝廷来说求之不得，宪宗于是改派任迪简为义武行军司马，任命张茂昭做河中节度使。张茂昭交接完，和家人离开时说："我不想让子孙受河朔恶劣风气的污染。"

没想到他的属下可不这样想，两次发动兵变，囚禁了任迪简，但都被义武官兵打败。任迪简抚慰将士，没有钱财，就与将士们同吃同住一个多月，感动了众人，从此上下相安，朝廷于是任命任迪简为义武节度使。

这一年九月，宰相裴垍中风，因病多次请求辞职，宪宗非常惋惜，免去了他宰相一职，调其为兵部尚书。因为太常卿权德舆"陈说谋略多中"，被宪宗擢升为宰相。权德舆也是著名的文学家，有文集 50 卷传世。

权德舆秉性耿直。讨伐军的运粮使董溪、于皋谟盗用军费，案发后被赦免死刑，流放岭南。之后宪宗有些后悔，又派宦官将两人杀死于途中。权德舆立即上疏说："这两人之罪本当公开处死，但既然已经赦免并流放，就应当遵照执行，怎能再诛杀他们？名不正，言不顺，有损朝廷和陛下的信誉。"

宪宗曾询问权德舆："治理国家，宽大与严厉哪个优先？"权德舆回答说："秦朝以严酷苛毒而亡国，西汉以宽大厚道而兴盛，太宗看了《明堂图》，就禁止鞭打人背。因此，自安史之乱以来，虽然屡次有叛乱，但都能马上消灭，因为祖宗施行仁政，人心难忘，有向心力。应宽大还是严厉，也由此可知。"

元和五年最倒霉的文官非元稹莫属。前一年他在东台监察御史任上，弹劾东都权贵和宦官违诏案件数十起。一个八品官员，弹劾对象里竟有4位节度使，"效职无避祸之心，临事有致命之志"。可惜这时27岁的夫人韦丛病逝，让他伤痛不已，他写的《遣悲怀三首》《离思五首》被称为古代最美的悼亡诗。"惟将终夜长开眼，报答平生未展眉""曾经沧海难为水，除却巫山不是云"不知感动了多少人！

祸不单行，这年三月，元稹弹劾河南尹房式违法失职之事，上疏奏请审讯逮捕，未等朝廷批示下来，疾恶如仇的他就先停了房式的职务，并罚俸一月。朝廷不满他擅自做主，罚他三月俸禄，调回京师。一天傍晚，元稹走到敷水驿（今陕西华阴西），刚住进驿馆，宦官仇士良、刘士元等人也赶到了，要他让出正厅。元稹据理力争，依照朝廷旧例，御史与中使先来者得正寝，后到者住别厅。仇士良存心挑衅，手下十几个太监气势汹汹、踏破驿门，用马鞭抽打元稹，致使他的脸被打伤，血流不止。事件传到朝廷，朝官为之震惊愤慨，宪宗却强调元稹处理房式案的过失，偏袒宦官，贬元稹为江陵府士曹参军。李绛、崔群等翰林学士上疏为元稹喊冤，白居易更是连上几状，陈述不可贬元稹的三条理由，还说宦官有罪未见处置，御史无过却先贬官，远近闻之，实损圣德。可宪宗不听。

从此元稹贬官远州十年，却促成了他在文坛发力，成为文坛领袖，"海内声华并在身，箧中文字绝无伦。……制从长庆辞高古，诗到元和体变新"（白居易寄元稹诗）。而宪宗之所以偏袒宦官仇士良，是因为仇士良与吐突承璀一样，都是他在东宫当太子时的亲近侍臣。

25 年后，在"甘露之变"中，神策军中尉仇士良反扑朝官，杀死包括四位宰相在内的 3000 多人，使朝班为之一空，从此大权多集于宦官之手，宰相仅行文书而已。

唐宪宗把宦官当作家奴，认为去之如草芥，根本不必担心，所以放心使用，最终却因此而付出了沉痛的代价。

第七章

——

元和六年

二李同辅政

第一节　李吉甫用政

元和六年（811年）春节刚过，淮南节度使李吉甫就迎来了好消息——宪宗调他回长安再做宰相。

在中晚唐，淮南和西川两个富庶之地被称为宰相回翔之地，出于政治上的需要，皇帝常常暂时把宰相安顿在那里，以后很可能又将他调回。在调回李吉甫的同时，宪宗免去了李藩的宰相之职，将其调任太子詹事。本年末，又擢升李绛为宰相。巧合的是，三人都属于五大望族之一的赵郡李氏。赵郡李氏渊脉深广，分为三祖房支，李藩属于南祖房，李绛属于东祖房，而李吉甫属于西祖房。更巧合的是，三人在各自房支中都排行第三。

李吉甫在淮南待了3年，为当地做了很多好事，可他的心胸却没有变宽，反而越来越小。当年的朋友裴垍，因策试风波与他有隙，在李吉甫离开的日子里，裴垍为相，很受皇上信任，人脉也很好，这点让他很妒恨，于是一上台就把裴垍调为太子宾客，不久裴垍就去世了。

有学者把裴垍看作是进士集团的领袖人物，把李吉甫看作传统旧官僚集团的代表。裴垍先后荐举过李绛、崔群、韦贯之、裴度、李夷简和元稹，这些人后来都当过宰相，俱为名臣，不负人望。裴垍还在元和四年实行了财政改革，使得中央的岁入增加，藩镇的非法收入减少。

成德一战，朝廷国库几乎为之一空，若再有战事，国家将难以支持，当务之急是要增加国库收入。六月初，重视统计数字的李吉甫就准备拿冗官开刀。

他上疏说："从秦到隋共 13 个王朝，官员的数量没一个超过大唐的，算上军人、僧侣、道士，全国 3/10 的百姓，用血汗养活着 7/10 不事生产的人。现在中央和地方靠税收生活的，不下 1 万人，请陛下派人清查、裁撤冗余官员，合并人口很少的州县。"宪宗准奏。

九月，吏部报告，中央和地方官员共裁减 808 人，平均 100 个人中裁掉 8 个，力度确实挺大的；九品以下官员更是裁撤了 1769 人。仅这一项，就不知为国家节省了多少开支，何况他还奏请减少官员不合理的俸禄。

京师长安寺庙林立，有些僧侣凭结交权豪而占据大量土地、池塘，且不纳税，李吉甫下令不再免税，把这部分税收收入分配给贫苦无告的人。

他除了关注官场和百姓，还关注皇族。

唐代宗室亲王都居住在长安城十六宅中。十六宅初名十王宅、百孙院，唐玄宗李隆基为了预防亲王政变，而让他们集中居住于此，甚至还规定他们不能出宫担任官职。这个规定似乎不太人性化，但如果了解玄宗之前近百年的唐朝历史，就会发现兄弟相残、皇族政变真是接连不断，就连玄宗自己也是先诛杀韦后、后诛杀太平公主而登上皇位的。难怪当时很多公主目睹骨肉惨剧，都选择了出家或入道来避祸或解脱。就连皇帝给女儿招驸马，都并非如想象中的那样竞争激烈。世家大族青年愿意娶公主的并不多，其中一个原因是公主多少会有些刁蛮，更重要的原因则是驸马属于皇族，玄宗秉政以后驸马很难在官场得到升迁重用。唐朝的皇族其实是非常可怜的一族，动辄被屠戮，李姓诸王争帝位互相杀戮过，武后为当女皇屠杀过，安史之乱被屠戮过。每一次长安被攻破，这些拥有皇家血脉的人下场都很惨。皇族女儿不婚或晚婚，在安史之乱后便很常见；即使要出嫁，也都由宦官掌管，为了早日许配，诸王甚至不得不贿赂宦官。

李吉甫知道这一情况后，上疏说："自古以来，没听过王爷的公主下嫁还要征求宦官同意的，也没听过有那么多公主居然嫁不出去或者随便嫁出去的。公主下嫁，一定要门当户对，如今风气却不是这样！"

于是唐宪宗封诸王女儿为县主，命中书、门下、宗正等部门遴选门第、人品、学识俱佳的青年，加以婚配。不知有多少公主为了终身幸福要感谢李吉甫！

李吉甫还将他关注的目光投向了边境。

他奏请恢复了从夏州（今内蒙古乌审旗南）至天德军（今内蒙古乌梁素海东畔）之间的 11 所驿站，以便及时传递军情，同时派遣夏州的五百精锐骑兵驻屯于经略故城（今内蒙古毛乌素沙漠北），以声援驿使。又奏请在经略故城复置宥州（即宽宥之州，最初用来管辖各族降服的民户），在城内另设延恩县，以安抚怀柔藩属的各族，同时派9000名神策军驻守该地，以防备回纥的侵扰。又将大量兵器、战马等战略物资运送到太原和泽潞等北部边境军队中，增强了北部国防力量。

综合以上来看，李吉甫有能力有魄力，也不置私产，的确是个贤相。但是人都有弱点，李吉甫的弱点就是太珍视权力，并因此而丧失了部分锐气，迎合帝王，且难免猜忌潜在对手，报复以前结过怨的人，搞得很多人都畏惧他。

宪宗也知道这些，作为一个知人善任的君王，他有自己的打算。好的领导，不能只听一种声音，宰相之间也需要互补，或者说制衡，他只需要把好舵，择其善者而从之。于是，这年年末，宪宗任命户部侍郎李绛为宰相。之前不久，因一场贿赂案，宪宗贬吐突承璀为淮南监军，为李绛清除了他讨厌的对手。

李绛的刚直敢言，我们已经见识了多次，他和一向顺从皇帝的李吉甫能和睦相处吗？

第二节 李绛诤谏

李绛当翰林学士承旨（相当于翰林院的领导）时就屡上谏言，这几年的大事，几乎没有他没诤谏过的。有人根据史书统计，说李绛是唐代上谏疏最多的大臣，甚至比太宗时的魏徵还要多。当然，宪宗的确有太宗的包容之心，大多都采纳了，除了对宦官有些包庇。

有一次，宪宗对李绛说："谏官多谤讪朝政，基本上都不符合事实，朕想贬谪其中最过分的一两个人以儆效尤，如何？"李绛略加思索后回答说："陛下不可以这样做！臣子的生与死，都系于陛下的喜与怒，在这种情况下，敢于开口直谏的已经很少了。即使有，也都是经过反复思量、多次删改的，等送到陛下面前时，其真实想法只剩下十之二三了。陛下难道连这十之二三都觉得过分？所以明君都喜欢听不同言论，害怕鸦雀无声，唯恐谏言不至，怎么能再贬谪他们呢？若贬谪谏官，就等于封天下人之口，绝非社稷之福啊。"于是宪宗放弃了贬谪谏官的想法。

李绛对宦官的厌恶程度，不亚于藩镇割据，曾当面向宪宗陈诉宦官吐突承璀的骄横，言辞尖锐而又恳切。而宪宗一直视吐突承璀为心腹，对李绛的诤谏之语不以为然，还怒色道："你说得太过分了！"李绛一怔，说了一句很有名的话："如果臣畏避左右权臣，爱惜自己的身家地位而不诤谏，是臣辜负了陛下；而如果臣不顾这些而选择诤谏，陛下不愿意听甚至感到恼怒，则是陛下辜负了臣啊。"这段话暗示了君臣之间的对等人格，对宪宗触动很大，他对李绛说："卿敢言人所不敢言，使朕能听闻平常听不到的事实和观点，真是忠臣啊。以后谏言，都应该像今天这样不留情面。"

在讨伐王承宗遇挫时，宪宗心情郁闷，有一次打算就近在禁苑中打猎，放松一下。一行人走到了蓬莱池西面，宪宗忽然对左右说："李绛知道了一定会劝谏阻止的，还是停了吧。"于是打道回府，继续讨论军情。如果有一段时间宪宗没有听到李绛的谏言，就感觉不对劲，自言自语道："是最近无事可谏了，还是朕没有容人之量了呢？"能够这样想的帝王，在历史上还真的不多见。

李绛与李吉甫两位大能人同朝为相，大政方针基本没什么冲突，都主张消灭藩镇割据，维护中央政府权威。但两人风格不太一样，难免会有争执。

李吉甫觉得皇帝也要有放松的权利，他对宪宗说："天下已太平，陛下应该放松一下，多些娱乐生活。"李绛当即反驳说："汉文帝时国家休养生息，没有战争，人民安宁富足，贾谊尚且认为局势维艰，称不上太平。如今，朝廷政令不能通达河南、河北四五十个州，西面边防也屡报烽火，水灾旱灾也不断，国家和百姓都谈不上仓廪充足，这正是陛下应该宵衣旰食的时候，怎能妄称太平，想着让陛下娱乐呢？"李绛说完，宪宗高兴地说："卿所说的正合朕意！"

教坊使有段时间带了不少良家女子及妇人到皇宫内苑，京师为此议论纷纷。李绛准备与李吉甫一起告诉宪宗，李吉甫说："这应该属于谏官的事。"李绛说："你不是曾经责难谏官论事吗？"李吉甫试图阻止他，但李绛依然上疏质问宪宗，宪宗回答说："朕是因为丹王（李逾，唐代宗之子）等人没有侍女，才下令去民间访求女子，并且要求给予钱财。不想教坊使误解了朕的意思，使得民间哗扰。"
于是将带进宫的女子都放还了。

类似的小冲突还有不少，比如，李吉甫认为不能强求
皇帝做出不愿做的决定，如此君悦臣安，两全其美。李绛
不高兴了，说："身为人臣，看到君王不当之处，应尽力指
陈得失，即便是龙颜大怒。否则，岂不是让君王在历史上
留下恶名，这难道叫忠诚？"李吉甫叹息一声，颇为尴尬。

再比如，两个人在宪宗面前讨论法治和德治孰轻孰
重，李吉甫认为赏罚不可偏废，宪宗重赏而少罚，以至于
百官有所懈怠，应该严格执行国家的严刑峻法，改变这种
面貌。李绛却认为，王者之道从来都是崇尚德治，怎能去
学秦始皇秦二世父子，不去学汉文帝汉景帝父子呢？宪宗
又一次肯定了李绛，让李吉甫更加不安了。

二相各有所长，李绛善于提出建议和纠错，而李吉甫
善于解决问题和行动。李绛所主持的京西京北神策镇兵改
隶、检阅边兵等事务，因宦官阻挠而没能推行；而与宦官
走得较近的李吉甫，做到的实事要比李绛多。一个主张程
序正义，却常常难于实践，只能在谏言上努力纠错；一个

主张目的正义，程序或许非正义，但推进了国家事务的有利发展。他们经常互相争辩，得利的当然是皇帝，他可以兼听则明，决策时能够反复对比利弊。看来，二李相争未必是坏事，当然，前提是二人都是君子，而且君王也足够英明。

在他们的辅佐下，大唐中兴局面有待完成，藩镇割据问题应该有希望得到解决。

第八章

元和七年

魏博终归顺

第一节　中兴半途

元和七年（812年）前半年没有什么大事发生，就是宪宗问政，李吉甫和李绛在皇帝面前多有争论，宪宗多肯定李绛的观点。而宰相权德舆却始终保持中立，不做判断，让宪宗有些不满。也许在权德舆看来，这些属于细枝末节，干好实务最重要。这点他同杜佑有些相似，杜佑当宰辅时间很长，长于实务与著述，不太得罪人。但宪宗尊重老宰相，对于风格近似的权德舆，却没有给予这么好的待遇。

元和二年，杜佑多次请辞宰相，宪宗舍不得这位老臣，没同意，但允许他每隔三五日才到中书省参与朝政。宪宗敬重他，从不直呼其名姓，而是尊称"司徒"。

这一年六月，77岁的老宰相杜佑又多次因病请求退休，宪宗只好同意了，但仍让他每月初一和十五上朝议政，可见对他的推重。杜佑著有《通典》200卷，该书是我国第一部记述历代典章制度的典志体史书。他的孙子杜牧从小受他影响，对兵法、财赋、历史很精通，经常在家里的地图前和祖父讨论元和平藩，每有王师获胜，都喜悦不已。

本年末，杜佑去世，备极哀荣。但杜佑清廉，死后并无多少余财。第二年，杜牧的父亲也去世了，长安城里的相府渐渐因还账而出让，杜牧和母亲8年间迁居10次，奔走困苦，投靠亲旧。

本年四月，宪宗任命翰林学士承旨崔群为中书舍人，仍兼翰林学士。崔群忠贞耿直，宪宗很欣赏他，曾要求翰林学士的奏章都要崔群联署签名，才可以呈递上去。崔群却坚决辞让，说翰林学士的一举一动都将成为惯例，若以后有佞臣当了翰林院承旨，那么属下的正直意见将不可能呈递到皇帝面前。宪宗于是收回了成命。

北宋初的大诗人王禹偁曾担任谏官和翰林学士，遇事敢言，以直躬行道为己任。他曾经不无自豪地说："如果我在元和时，与李绛、崔群共事，应该也可以不惭愧吧。"

这两年很少听到白居易的消息，因为前一年初，他的母亲去世，他扶着母亲灵柩回下邽故里安葬，然后按照古制丁忧居丧三年（实为 27 个月）。而挚友元稹还在江陵养其浩然之志，知道后为白居易母亲写了祭文，并分俸帮助处于贫病中的白居易。

这时宪宗已当政 7 年，朝政平稳，四海晏如，武备谨严，文化发达。想当年安史之乱刚结束，诗人元结乘兴写下《大唐中兴颂》，10 年后让名臣颜真卿书写，刻于湘江浯溪石崖上。现在看来，那怎么算得上是中兴呢？国穷民竭，杜甫都回不到梦想中的长安，因为"闻道长安似弈棋"，长安多次被攻占洗劫，像下棋被吃掉的棋子，天子都曾多次奔逃。杜甫后半生一直在逃难，到哪里哪里就有叛乱，最后死在了湘江上的一条破船里。可那还是相对安宁的南方啊，北方大地更是一团糟，哪里有这样的"中兴"之世？

而现在算得上是中兴吗？虽然各方面都比那时强很多了，但宪宗觉得还远远不够。登基以来，他已经制服了五六个有割据企图的藩镇，但河北三镇、山东淄青和河南淮西的控制权还没有完全收回。文化的中兴却有目共睹，元和年间出现了一大批伟大的诗人和作品，他们的成就甚至不亚于盛唐。

或许，大唐中兴之路已经行进到中途了吧，快要进入攻坚阶段了。中兴尚未完成，君臣仍需努力啊。

有一次，宪宗和宰相们在大明宫延英殿讨论国家大事，不知不觉天色已晚，暑气未消，宪宗大汗淋漓，衣服都湿透了，宰相们怕他疲累，便请求退朝。他说："回到后宫只能看到宫女和宦官，说的只是生活起居之事，我喜欢和你们在一起讨论治国之道，所以并不觉得累。"

在这中兴的半途上，皇帝、宰相、翰林学士、谏官们都兢兢业业、殚精竭虑，政府官员们如何敢懈怠政事呢？

第二节　立储风波

元和七年七月十九日，遂王李宥被宪宗立为太子，改名为李恒，这年他 17 岁。李恒即后来的唐穆宗，是郭贵妃所生。郭贵妃是郭子仪的孙女，《醉打金枝》主人公郭暖和升平公主的宝贝女儿，说起来，算是唐宪宗的小表姑呢。另一妃子所生的澧王李宽（后改名李恽）比李恒年长，吐突承璀几次想要废太子改立澧王，让李恒坐卧不宁。

说起来郭贵妃并非皇后，李恒也不算是嫡子。元和四年（809 年），李绛就上疏请求立太子，说不立皇储，有野心的人就多，对大唐基业不利。于是，宪宗下诏立长子邓王李宁为太子，而李宁是纪美人所生，"美人"虽好听，却只是地位很低的妃嫔。而郭贵妃作为嫡妻，虽是后宫的管理者，却也只是敢怒不敢言。可惜，太子李宁于元和六年年底去世，年仅 19 岁。

这时，朝官大多建议立郭贵妃所生的李恒为太子，宪宗亲信宦官吐突承璀则建议和上次一样按照年龄立次子李恽。宪宗也有意立次子，但李恽母亲地位低下，在朝廷上很难得到支持，而郭家对大唐有再造之功下，在朝野上下势力强大。宪宗于是请翰林学士崔群代次子李恽起草让位奏章，崔群却说："李恒是陛下正妻所生的儿子，是陛下的嫡子，李恽有什么可以辞让的呢！"

李恒不喜欢政事，却对各种玩乐非常沉迷，宪宗对他并不满意。吐突承璀后来揣度宪宗的心意，一直都没有放弃改立李恽的想法，这就为日后的风波埋下了隐患。

这次郭贵妃的儿子被册立为太子，她终于可以扬眉吐气了。之后，文武官员多次上疏请求封她为皇后，她也充满了期待，宪宗却找个理由说时令禁忌，没有答应。史官说唐宪宗因郭贵妃家族强盛，怕她当了皇后，自己就难以亲近后宫佳丽了，所以不立皇后。谁知，他的子孙们在这方面都学他，从此唐朝无皇后，子孙们在纵欲炼丹的道路上越走越远，长命的也越来越少。

唐宪宗精力旺盛，在后宫宠爱的妃子不少，上次教坊使在民间搜求女子，说是为丹王找侍女，可是却搜掠了很多美女，肯定是别有用心。那段时间郭贵妃的担忧不下于李绛，虽然她从后宫争宠的角度出发，而李绛从民间哗扰的角度出发。

当然，也有观点认为唐宪宗英明神武，不立皇后的理由怎么会是怕妨碍自己寻欢作乐呢？原因是宪宗不愿意位高权重的郭家继续坐大，从而导致后宫和外戚专权，重蹈高宗武后和玄宗杨贵妃的覆辙，影响大唐基业。

一个出身高贵的贵妃被长期冷落，她的心灵该有多么煎熬啊！况且还有个吐突承璀多次在宪宗跟前说要换掉太子，她后半生的荣光就靠儿子了，能不忧心吗？于是她利用郭家的巨大影响力，在朝野内外广交支持者，甚至包括宦官梁守谦等人，暗中和吐突承璀等人抗衡。

如果知道了唐穆宗李恒日后的所作所为，就会发现宪宗不看好他是对的。我有时甚至想，宪宗如果狠心换了太子，或许以后的历史会好些吧？可惜历史从来不能假设。

第三节　魏博归来

元和七年前半年没有大事发生，后半年伊始，大事就来了。不可一世的魏博节度使田季安因中风而去世，年仅32岁。身后子幼，家奴暂时控权，导致魏博人心不安。

说起来，魏博镇可算是河北三镇中最具代表性的了。它统辖魏州、博州等六州之地，扼守河朔地区的咽喉要道，战略位置重要，节度府驻魏州（今河北大名）。经济发达，人口众多，拥有十万甲兵。

安史叛军降将、魏博镇首任节度使田承嗣，招募军中剽悍子弟作为自己的侍卫，号称牙军，成为藩镇牙军的起源。牙兵待遇丰厚，"父子世袭，姻党盘互，悍骄不顾法令"，当时就有句谚语：长安天子，魏府牙军。

田承嗣在河北三镇中最为跋扈，自行征税、征兵、任命官吏，数十年不入朝，不向朝廷纳贡，俨然是独立王国。最过分的是，他竟公然在魏博境内为安禄山、史思明父子四人立祠堂，并尊称为"四圣"。对于这一严重挑衅，代宗并没有能力挞伐，只是让使臣出使魏博时劝他毁掉而已。

田承嗣与同为安史降将的成德李宝臣、卢龙朱滔、昭义薛嵩以及淄青李正己等互为姻亲，本应相安无事，但他狡诈多变、傲慢无礼，时不时蚕食周边领地，扩大地盘，惹怒了诸镇。特别是对于紧邻自己且忠于朝廷的昭义镇，他自恃兵强马壮，总想伺机占领，为此薛嵩忧虑不已。

时人袁郊写了一篇传奇《红线》，就描述了田承嗣与薛嵩两个藩镇之间的斗争。在文中，薛嵩的侍婢红线，以神奇之术潜入戒备森严的魏博节度府，从田承嗣枕旁取得金盒，然后让薛嵩遣人送回。这让田承嗣惊吓不已，从此对昭义镇收敛了嚣张气焰，收回了派出的军队，"两地保其城池，万人全其性命，使乱臣知惧，烈士安谋"。虽为传奇小说，但也反映了人们对割据藩镇的不满与对和平的渴望。

薛嵩去世后，田承嗣又利诱昭义镇兵马使作乱，他乘机袭取了昭义的相州、卫州和洺州，杀害了卫州刺史薛雄（薛嵩之族人）的妻儿老小。朝廷不得已派成德节度使李宝臣、幽州节度使朱滔、昭义节度使李承昭、淄青节度使李正己等 8 位节度使，合力讨伐田承嗣。这几位本来就看不惯他，因此战争进展顺利，这时老奸巨猾的田承嗣开始使用种种阴谋诡计，离间了这些藩镇，仗打了近一年都没能再有什么进展。其间田承嗣曾两次上表谢罪，而朝廷也已经指挥不动藩镇了，代宗只好承认现状。从此，魏博节度使拥有 7 个州的地盘，拥兵十余万，成为河北三镇的最强者。

田承嗣活到了 74 岁，临终时命勇冠三军的侄子田悦继任节度使，朝廷也无奈认可，首开河朔故事之肇端。之后田悦等人发动的"建中之乱"就不必再赘述了。田悦在乱平后被田承嗣的儿子田绪杀死，田绪自立，死后传位给儿子田季安。到这个时候，田家铁腕统治魏博已 40 余年，丝毫没有松动的迹象。

唐人裴铏所著的《传奇》一书中，有一篇著名的传奇小说《聂隐娘》，讲的就是魏博节度使田季安和陈许（后称忠武）节度使刘昌裔之间的斗争。因季安派刺客聂隐娘刺杀维护中央利益的刘昌裔，聂隐娘反被刘昌裔的气度和忠肝义胆所折服，转而投奔其麾下，战胜了田季安之后又派来的两大刺客。这篇传奇被称为中国最早的武侠小说，同样也流露出国人对跋扈藩镇的痛恨。

魏博衙内兵马使田兴勇敢强壮，却也喜爱读书，性情谦和，与荒淫暴虐的田季安形成鲜明的对比，很得魏博将士的心。田兴的父亲田庭玠是田承嗣堂弟，在田悦等人发动"建中之乱"时，屡次劝阻，让田悦顺从朝廷不要当叛臣。田悦不听，于是田庭玠称病不出，数年后忧愤而亡，留下两个孤儿，长子田融于是负起抚养弟弟田兴的责任。有一次田兴在军中的射击比赛中夺冠，好不兴奋，赛后却被哥哥揍了一顿，哥哥教育他说："你如果不掩盖锋芒，大祸就会降临。"从此田兴低调从事，所以能够在宗族猜忌中保全自己。

这时的田兴已经 48 岁了，但即使他再低调，侄子辈的田季安也不放心，认为他在收买军心，于是贬他为边远镇将，还想派人杀了他。田兴假装中风，把艾草烧着布满全身，才逃过一劫。可没想到这个田季安却突然中风暴死。他的妻子元氏召集将领拥立 11 岁的儿子田怀谏做副大使，同时召回德高望重的田兴做都知兵马使以安军心。但 11 岁的孩子如何能掌权？于是大权落到了家奴蒋士则手中，军心因此不稳。

消息传到长安，宪宗感到机会来了，这次是河北三镇中距离朝廷最近的魏博，出兵的时机到了，洗刷之前在河北的耻辱在此一举。

李吉甫知道宪宗的想法，当然积极建议出兵讨伐，提出很多理由和出兵的好处，强调自己绝对可以保证后勤。宪宗对此很高兴。

不想李绛却坚决不同意出兵。他说："河北跋扈的军阀为了自己统治的安稳，把军队分别交给几个将领统领，互相制约，谁都很难发动兵变。田怀谏乳臭未干，军政大权一定旁落到一个人手中，将领之间失去平衡，迟早会爆发冲突，根本不需要朝廷出兵。部将夺权，不但难度很大，而且也会被邻近藩镇所痛恨，只有依靠朝廷支援才能生存。朝廷到时不要吝啬官爵和奖励，一定可以使魏博归服！"

经过一连数日多个回合的辩论，李绛甚至搬出了前年讨伐王承宗无功而返的例子，宪宗的心才渐渐倾向于李绛的和平方案。最下攻城，最上攻心，如果能和平收复，何必要劳师动众呢？那就静观其变吧。至于田怀谏册正的请求，暂且拖着吧。

不久，果然如李绛所料，蒋士则不得人心，随意调换将领，惹恼了军队。田兴早上去军中时，数千兵卒突然喧哗不已，围住他叩头，求他当留后主持魏博军务。一生低调的田兴从没想过夺权，不禁惊骇倒地，众人仍然坚持不肯散去，无奈之下，田兴提出要求："一不能伤害副大使田怀谏及其家人；二要遵从中央法令，申报户口财税，官员由中央任命。同意这两条，我才能答应。"众人都同意，田兴于是斩杀蒋士则，安葬田季安，把田怀谏及其家人送到长安保护其安全。

割据49年之久、最为跋扈的魏博镇要回归朝廷了，这个消息正随着加急的驿马快速向长安传播。

宪宗抓住这千载难逢的时机，立即任命田兴为魏博节度使，田兴手捧诏书，呜咽流泪，光荣辉煌的大唐，父亲一心所向的朝廷，皇恩浩荡，自己只有以死相报。魏博民众欢欣鼓舞，从此再也不会一国之内壁垒重重了，中原的暖风驱散了河朔的寒流。

李绛建议拿出 150 万贯钱赏赐魏博，宦官认为太多，李绛说："田兴不贪图割据的巨大利益，顶着四周割据军阀的压力，一日之内，呈献河朔六州之地。陛下不要吝惜这些赏赐，只有足够大的赏赐才能安抚军心，且让四邻藩镇士兵内心震撼。"

宪宗大喜，说："我吃穿节俭，积攒钱财，都是为了平定天下，不然攒那么多钱有什么用？"

于是宪宗派遣知制诰裴度一行携带巨款前往魏博宣慰。裴度之前在西川节度使武元衡幕府任掌书记，去年被召回朝廷为官。裴度犒劳官兵，宣布免除魏博六州人民一年的捐税和劳役，他善于演说，不失时机地宣传中央恩德，所到之处，欢声雷动。成德和淄青的使节正在魏博劝阻田兴，看到这场面，面面相觑，叹息说："我们反抗朝廷，又有什么好处呢？"

裴度与田兴彻夜长谈，给他灌输君臣之义，田兴洗耳恭听，整夜都不知疲倦。裴度在田兴的陪同下，视察魏博州县，宣布中央政令，让中央任命包括节度副使在内的百余位官员。

周边的藩镇坐不住了，成德王承宗、淄青李师道和淮西吴少阳不断派人来挑拨离间，田兴始终不为所动，对中央绝无二心。李师道决心联合王承宗发兵攻打田兴，怕相邻的宣武军抄其后路，就派人知会宣武节度使韩弘，说："我家世代与魏博田氏相约互保互援，如今的田兴不是正统田氏后人，又首先变更了我们河南河北独立自主的传统，想必也是你所痛恨的，我将要和成德合军讨伐他！"韩弘虽然也十数年不曾入朝，但却未必会和他们同流合污，韩弘说："我不知道什么利害，只知道奉诏行事。你若出兵北渡黄河，我则发兵东取曹州！"李师道惧怕韩弘趁机偷袭，所以不敢有所动作。

　　似铁板一块的河南河北割据藩镇崩塌了一个角，从此，中央军可以深入河朔腹地进行讨伐了。后来宪宗给田兴赐名弘正，田弘正后来为朝廷平定成德、淮西和淄青屡次立下大功，真正弘扬了做人的正气，可以说是元和中兴的关键人物之一。

第九章

——

元和八年

文坛襄盛世

第一节 《元和郡县志》

自魏博归来，人心鼓舞，各项事务都有条不紊地进行着，朝廷大事不多。810 年到 814 年是宪宗朝最长的安定时期。

元和八年（813 年）值得一提的事情：一是宪宗免除了权德舆的宰相职务，召遥兼宰相的西川节度使武元衡回朝执政；二是振武镇士兵发动了兵变，赶走了节度使，但很快被平息；三是义成镇驻地滑州面临黄河水患威胁，宪宗命魏博士卒协助义成兵，挖掘了淤塞已久的 14 里黄河故道，解除了水患，这在魏博回归之前，几乎是不可能的任务。

庙堂之上无大事，江湖上的大事却不少，特别是文化界的大事一件接一件。所谓元和中兴，不只是指武力削藩的节节胜利，也包括了文化事业的辉煌灿烂。这一切，与宪宗的包容开放、政策的连续稳定和政府的积极作为是分不开的。

元和15年时间，是中唐近70年里文治武功鼎盛之时，在整个唐代，只有活跃在元和年间的诗人堪与盛唐诗人比肩，而元和年间的散文（古文）更是文起八代之衰，直接承继司马迁之风。元和年间，不仅在文学上，在地理、历史、儒学等领域也取得了辉煌的成就。

元和八年二月七日，宰相李吉甫撰成《元和郡县图志》奏上。全书有图、志共40卷，分列全国各道和藩镇，是历史上第一部全国范围的地理总志。他力矫前人地理志书"搜古而略今""传疑而失实"的弊病，不但叙述历史沿革，更对当时的各种数据予以记录。书中详细记载了元和年间全国的疆域政区、建置沿革、山川物产、户口变迁等情况，保存了大量有关唐代社会、政治、经济的宝贵资料。

撰写这一大部头的目的，正如李吉甫自己所言，辅佐明王得知国家山川要塞，知道全国人民户口分布和生存环境差异，因地制宜利用地理资源，对讨平藩镇有重要参考价值。李吉甫和其父一样，具有强烈的忧国忧民之心，拜相以后更迫切地希望完成统一大业，所以他觉得掌握全国经济现状、交通分布、地理形势和物资物产，是"事关兴替、理切安危"的大事，因此在这方面尤其用力。在成书过程中，他的儿子李德裕也多有参与，后来在这方面继承了父亲的优良传统，也成为一代名相。

《元和郡县图志》的附图在南宋时都遗失了，此后就叫《元和郡县志》了，但大部分文字内容流传至今，是历史上国家地理总志中保留下来最早的一部，也是体例最完善、成就最高的一部，誉其为"划时代的一部地理学名著"亦不为过。

该书的第一页说的就是长安及周边的地理山川形势——

卷第一·关内道一

【京兆府】雍州：开元户三十六万二千九百九；元和户二十四万一千二百二。

……隋开皇三年，自长安故城迁都龙首川，即今都城是也。初，隋氏营都，宇文恺以朱雀街南北有六条高坡，为乾卦之象，故以九二置宫殿以当帝王之居，九三立百司以应君子之数，九五贵位，不欲常人居之，故置玄都观及兴善寺以镇之。大明宫即圣唐龙朔二年所置。高宗尝染风，以大内湫湿，置宫于斯。其地即龙首山之东麓，北据高原，南俯城邑，每晴天霁景，下视终南如指掌，含元殿所居高明，尤得地势。大明东南曰兴庆宫，玄宗藩邸宅也……

之后记录的还有终南山、白鹿原、杜陵、樊川、长安八水等，都是那么熟悉，那么美好，历经1200多年的岁月，仍让人对那时的山川河流和杰出人物向往不已。

第二节　老杜归来

元和八年（813年），诗圣杜甫去世已43年，当年家贫无力归葬故乡，但他的后人一直没有忘记他的遗愿。这一年，杜甫之孙杜嗣业决心完成父亲临终时托付给自己的这个任务。

他背负先人遗骨，从湖南耒阳出发，沿路形同乞讨，走到湖北江陵时，听闻诗坛盟主之一的元稹在此做官，而元稹的新乐府诗他读过，和祖父一样是关心现实民瘼的，听说他对祖父的诗也很喜欢。杜嗣业突然动念，想请元稹为爷爷写篇墓志铭，谁知正是这一动念，促成了一篇伟大的墓志铭《唐故工部员外郎杜君墓系铭（并序）》的诞生。

这篇千余字的文章成为文学史上非常重要的文学理论作品。元稹对文学史上的现实主义传统做了详尽的论述，见解独到，同时也让杜甫的诗被主流诗坛所重视，元和诗坛重新发现了杜甫，原来一个如此伟大深邃的诗人被湮没了这么久！

元稹写道："至于子美，盖所谓上薄风骚，下该沈宋，言夺苏李，气吞曹刘，掩颜谢之孤高，杂徐庾之流丽，尽得古今之体势，而兼人人之所独专矣……苟以其能所不能，无可无不可，则诗人以来，未有如子美者。"

杜甫晚年曾写诗说：百年歌自苦，未见有知音。盛唐是一个浪漫主义的时代，壮志豪情和灵秀俊逸的诗风大受欢迎，像杜甫这样工笔描绘社会现实的诗作可能当时还不太被接受吧，开风气之先者，往往当时无比寂寞。杜甫同时代人编的几本诗选，居然都没有选他的诗。他生前声名不彰，诗歌只在小范围内流传。这位中国最伟大的难民，最后凄凉地死在了江船上，安葬在湖南耒阳的时候，没有几个人送葬，只有一片凄风苦雨。

元和八年，随着杜甫迁葬，特别是元稹写的墓志铭的面世，更多人关注了杜诗，他们震惊地发现世上居然有如此关注民生苦难的伟大诗人。文坛盟主韩愈发出了"李杜文章在，光焰万丈长""独有工部称全美，当日诗人无拟论"的感慨，白居易也发出了"吟咏流千古，声名动四夷"的赞叹。他们对杜甫的人格与诗歌崇拜不已，这些元和年间的著名文人都从杜诗中汲取营养，并不遗余力地大力推介老杜。连后来的唐文宗都成了杜甫的诗迷，经常在曲江流饮时吟咏杜诗，他还依据杜诗发现盛唐时曲江的一些宫殿遗址，继而下令重修。

这让我想起司马迁的遭遇来。司马迁写完《史记》时，正值汉武帝晚年，国家大乱，他不敢拿出这部心血之作，怕被禁甚至被焚毁。直到死后 30 多年的宣帝中兴之时，政通人和，外孙杨恽才把这部著作呈献给汉宣帝，从而得以刊行流传了下来。

如果没有元稹的发现与极力推荐，杜甫虽不至于被埋没，但或许会晚些年才能广为人知吧，这可是杜诗第一次被如此关注和赞颂啊。我们不知道杜嗣业当时如何感动流泪，只知道，千百年来，无数人为此而落泪。

第三节　古文运动

元和八年（813年）的韩愈已经45岁了，却仍然官场蹭蹬，为此，这年年初他写了一篇文章《进学解》，表达了怀才不遇的不满。

韩愈虽称郡望昌黎，实际上和柳宗元一样出生于长安，自幼父母双亡，靠长兄长嫂抚育成人。建中之乱时，长兄去世，韩愈随长嫂避乱宣城。孤苦伶仃的他面对连绵战火，学会了独立坚强，比同样在童年经历战乱的白居易、柳宗元吃苦更多，也更加成熟坚定。

他 19 岁赴长安参加进士考试，连续 3 年不中，贞元八年（792 年）赶上名臣陆贽主考，陆贽慧眼识人，有李绛、崔群、王涯、韩愈、裴光辅等 23 人中第，大多是后来的知名人士，被当时人称为"龙虎榜"。

但好运并没有跟着到来，他又是 3 年未考中吏部的制举，在长安困居的八九年间，和杜甫当年类似，"无所取资，日求于人"，主要靠人资助艰难度日。无法当上京官，29 岁的他只好到藩镇去做幕僚来养家糊口。4 年后，他终于通过吏部铨选，被任命为国子监四门博士，当上了京官。其间写有《师说》，批判当时以拜师为耻的风气，广收"韩门弟子"，提倡古文运动和儒学复兴。

贞元十九年（803 年）冬，韩愈晋升为监察御史，然而两个月不到，就因为对长安大旱的情形说了大实话，上疏《御史台上论天旱人饥状》，触怒了权贵，被贬为岭南连州阳山县令。元和元年（806 年）被召回长安任权知国子博士，之后改任国子博士。

相对于曾经在永贞革新中红极一时的刘禹锡和柳宗元，他还未曾展露他的政治才能；相对于当过翰林学士的白居易和当过左拾遗的元稹，他已经年龄不小了。至于当年"龙虎榜"的同年李绛、崔群、王涯等人，更是对比悬殊，他怎能不郁闷呢？

这篇《进学解》抒发的就是他长期淹留于国子博士闲职的郁闷之情，不平则鸣，借学子之口抒发自己有才难遇、有志难伸的窘迫。一篇不长的文章，竟有十几处后来被提炼成了成语，足见这篇文章的魅力。

在《进学解》一文中，国子博士告诉学子："业精于勤，荒于嬉；行成于思，毁于随。方今圣贤相逢，治具毕张。拔去凶邪，登崇畯良。占小善者率以录，名一艺者无不庸。爬罗剔抉，刮垢磨光。盖有幸而获选，孰云多而不扬？诸生业患不能精，无患有司之不明；行患不能成，无患有司之不公。"

学子反过来问他："先生之业，可谓勤矣。……先生之于儒，可谓有劳矣。……先生之于文，可谓闳其中而肆其外矣。……先生之于为人，可谓成矣。然而公不见信于人，私不见助于友。跋前踬后，动辄得咎。暂为御史，遂窜南夷。三年博士，冗不见治。命与仇谋，取败几时？冬暖而儿号寒，年丰而妻啼饥。……不知虑此，而反教人为？"

元和毕竟是元和，没想到这篇文章传到朝廷，很多人为之叫好。宰相李绛看了，终于想到了这位同年兄弟，和李吉甫一商量，都认为韩愈具备史才。两人难得意见相同，于是将韩愈晋升为比部郎中、史馆修撰，让他编著《顺宗实录》。从此韩愈总算进入了朝官的正常序列，此后更是备受赏识，进入了升迁快车道。元和九年升任考功郎中知制诰，元和十年晋升为中书舍人，之后竟然还屡立军功，甚至升到了吏部侍郎、京兆尹等职。

现在提起韩愈的成就，官职再高也没有意义，因为他杰出的政治才能被更辉煌的文学成就和哲学思想掩盖了。

在这几年，他的古文运动越来越有成效。六朝以来风靡文坛的今体文（骈体文）已渐渐不能适应复杂的社会现实，束缚重重，好用陈词滥调，缺乏创新。韩愈提倡的古文（散体文）则能更好地表达个人情感，反映社会现实，抒情、叙事、说理都能自由发挥，像先秦典籍和西汉司马迁等人的文章，质朴自然，无华丽浮艳之风。韩愈提倡先秦和西汉的古文，反对骈文，主张复兴儒学，攘斥佛老，以自己的道德文章干预时代人心。古文在他手里不仅用来传儒家之道，也用来反映现实矛盾，所以苏轼说韩愈：文起八代之衰，而道济天下之溺。他的文章如《原毁》《师说》《杂说》《毛颖传》《送穷文》《张中丞传后叙》《祭十二郎文》《送孟东野序》《送李愿归盘谷序》等都是字字珠玑的名篇，至今仍然留在语文教科书中。他积极荐举人才，对孟郊、贾岛、李贺、张籍、李翱等人曾大力帮助。

如果只有韩愈及其弟子在朝呐喊努力，恐怕也只能在中心区域产生影响；有了贬官永州司马的柳宗元的大力支持，古文运动才产生了全国性的影响。

说起来，韩愈和柳宗元、刘禹锡曾有过短期的同僚关系，三人都曾在贞元末当过监察御史，但很快韩愈被贬为连州阳山县令。至于被贬原因，韩愈也不知道是因为上疏《御史台上论天旱人饥状》得罪权贵造成的，还是与他相交的刘、柳二人造成的，因为他曾将对王叔文的不满告诉过刘、柳，他怀疑刘、柳二人泄露谈话内容给王叔文，导致自己被贬。他写长诗《赴江陵》说："或自疑上疏，上疏岂其由？……同官尽才俊，偏善柳与刘。或虑语言泄，传之落冤雠。二子不宜尔，将疑断还不。中使临门遣，顷刻不得留。……朝为青云士，暮作白头囚。"

所以，对于"二王八司马"的被贬，韩愈最初并没有多少同情。但伟大的灵魂总是相互吸引的，也许政治观点不尽相同，但在关注民生民瘼、反映批判现实等方面，他们毫无二致。韩愈在《争臣论》中、柳宗元在《答韦中立论师道书》中都提出了"文以明道"的观点，都主张"唯陈言之务去""文从字顺各识职"，都强调文章的言志抒情和社会批判功能，并以自己的大量创作将古文运动提升到了相当的高度。

韩愈任职史馆修撰后，给柳宗元写了一封讨论史官的信，诉说他写《顺宗实录》时的痛苦。他据实而书，褒贬鲜明，却被宦官责难，屡次被要求删改。他痛苦不堪，担心招致刑祸，想要放弃做史官。柳宗元写了《与韩愈论史官书》，告诉韩愈，从左丘明、孔子、司马迁、班固到崔浩，他们人生的痛苦，都不是因为写史书造成的，劝韩愈"宜守中道，不忘其直，无以他事自恐"，给了韩愈很大的鼓励。柳宗元还将他写的《段太尉逸事状》寄给韩愈，供他修史参考。韩、柳与刘禹锡三人还在信中就哲学中的"天"展开了辩论：韩愈持"天命说"；柳宗元写《天说》，认为"天人不相预"；刘禹锡更是连写三篇《天论》，认为天人相分，但也相互影响和制约。那时的韩愈与刘、柳二人早已没了芥蒂，互相被对方的人格与才华所征服。

元和八年，被贬谪8年的柳宗元心态逐渐转变了过来，从写《永州八记》开始，他慢慢在自然山水中寻找寄托，排遣郁闷，也写了不少自然山水诗，成为中唐山水诗派的重要诗人。他的古文创作范围广泛，可以补韩愈之不足。韩愈文章文以载道，需正襟危坐来看；而柳宗元的文章则大多比较轻松。他为小人物立传，写寓言、游记，寓深意于短文之中，情感真挚，文辞优美，艺术性很高。他的《永州八记》《捕蛇者说》《种树郭橐驼传》《三戒》《梓人传》《童区寄传》《封建论》等文章脍炙人口，彰显着古文之美。这一年所写的《答韦中立论师道书》是柳宗元文学理论的代表作，文中还多次提到朋友韩愈，同《进学解》一样，这篇文章也有多处被提炼成了成语。

而今的教科书中，柳宗元文章的分量丝毫不亚于韩愈。颇受他们影响的杜牧就曾说："李杜泛浩浩，韩柳摩苍苍。近者四君子，与古争强梁。"

第四节　元和诗体

元和八年，唐宪宗还让武元衡、李绛、李吉甫和郑余庆等人献上旧诗，当然不仅是为了文学，更多的是和古代的采诗传统一样，想从诗歌中看出民情人意、治国之道来。宪宗的虚心纳谏、开明包容，以及改革朝政、平定藩镇等举措，使得政治清明、社会宽松，诗人们踊跃创作，一扫安史之乱后50余年的文化颓势。

元和年间，无论是新乐府运动、古文运动还是众多的诗歌流派，无论是诗、文、赋还是传奇（小说），都取得了辉煌的成就，用"光焰万丈长"来形容也不算夸张。这与唐宪宗的文治政策和任贤选能的用人政策是分不开的，他选用的宰相等重臣，大多都算得上诗人，有很高的文化修养，对文人也懂得保护和延誉。

元和年间的诗坛流派众多，有以元稹、白居易、李绅、张籍、王建等人为主的元白诗派，有以韩愈、孟郊、贾岛、皇甫湜等人为主的韩孟诗派，还有自成一家的山水诗人柳宗元、边塞诗人李益、诗豪刘禹锡、诗鬼李贺等，可谓阵容庞大，远超中唐前期，直追盛唐。

中唐前期名噪一时的"大历十才子"（李端、卢纶、吉中孚、韩翃、钱起、司空曙等人），生活的时代战乱频仍，虽也扬名于东西二都，却没经得住时间的考验，没一个达到一流水平的，倒是长期在江南任职的诗人如刘长卿、韦应物、戴叔伦等人，其山水诗还能让人眼前一亮。总体而言，安史之乱后至元和初年50年间，诗坛同大唐国势一样衰落了，去盛唐甚远。而元和年间，政治稳定，文化繁荣，著名诗人成批涌现，而且大多都情谊深厚，比如刘柳、韩柳、元白、韩孟、刘白之间的生死之交，恐怕让盛唐诗人都为之羡慕吧。

清末陈衍曾提出过古代诗歌发展的三大盛世，分别为开元、元和和元祐（北宋），认为诗歌"莫盛于三元"。

171

清末另一位学者沈曾植提出"三关说"，将元嘉（南朝宋）、元和和元祐并提，认为是诗歌发展的三个关键点。白居易也曾在上巳节曲江赐宴时作诗，说：共道升平乐，元和胜永和。他认为元和年间的上巳节胜过了永和年间王羲之《兰亭集序》描绘的文化盛况。

元和八年的元稹，除了为杜甫写墓志铭，还写了很多乐府诗和言志诗，他虽被贬江陵多年，但与白居易、刘禹锡等人互相勉励不断。他同情永贞革新的成员，与永贞党人吕温、李景俭、刘禹锡、柳宗元等人多有书信往来。他在这一年送别李景俭时写诗道："我有恳愤志，三十无人知。修身不言命，谋道不择时。达则济亿兆，穷亦济毫厘。济人无大小，誓不空济私。……玉色深不变，井水挠不移。相看各年少，未敢深自悲。"

江陵是荆南节度使严绶的驻地，湖南辰、溆二州张伯靖领导的少数民族起义已经持续了两年，宪宗先后派崔能、潘孟阳、柳公绰加以讨伐，均未能讨平，又命严绶出兵。元稹作为幕僚，不主张武力讨伐，而出谋和平招抚，严绶依计派人晓谕，果然平息了骚动，元稹真正实现了

"达则济亿兆，穷亦济毫厘"的理想。

元和八年的白居易还在渭村丁忧中，为养家糊口，他亲自耕作，在劳动中心态渐趋平衡。这一年六月，他就写了十六首和陶诗，描述村居生活的情趣。但他并未放弃关心民瘼的使命，还写下了《采地黄者》《村居苦寒》《纳粟》《夏旱》等反映农民困苦和胥吏催租的人道主义诗篇。

元稹和白居易在元和年间创作的大量诗作，都遵循着白居易所说的"文章合为时而著，歌诗合为事而作"的纲领，不作无病呻吟，他们的《秦中吟》《新乐府》《长恨歌》《连昌宫词》名满天下。白居易曾自豪地对元稹说：诗到元和体变新。因为接地气，当时便"流于民间，疏于屏壁，子父女母，交口教授……当时巴蜀江楚间泊长安中少年递相仿效，竞作新词，自谓为元和诗"（杜牧语），"禁省、观寺、邮候、墙壁之上无不书，王公妾妇、牛童马走之口无不道"（元稹语），流传于"士庶、僧徒、孀妇、处女之口"（白居易语），可见其受欢迎的程度。为了起到变易民俗民风的作用，其诗作内容切合生民之痛，用语通俗浅白，力求大众能够读懂，因此取得了空前的成功。元和诗体就成了通俗的流行歌行的代称，宋代也有称为"白体"的，当然也有人认为"元轻白俗""元白诗者，纤艳不逞"。元白诗派的李绅、张籍、王建也都取得了不俗的成就，使得元白诗派成为当时及以后相当长一段时间的诗歌主流。

第十章

元和九年

淮西起战云

第一节　公主出嫁

元和九年（814年）二月，宰相李绛多次因足疾请辞，于是宪宗免除他宰相一职，调任礼部尚书。李绛免职的第二天，吐突承璀就返回了长安，仍任左神策军中尉。看来，李绛知道宪宗有意召回吐突承璀，于是主动辞职，要知道，二人可是水火不容的。

吐突承璀没在朝廷的几年里，发生了很多大事，他最在意的，是立太子一事居然没有他的份儿，而是李绛、崔群等朝臣和另一派宦官的功劳，以后太子登基了，自己岂不是不能继续受宠了？善于察言观色的他，很快发现了宪宗对太子并不满意，这就是机会，于是他开始了多年的谋划。

六月，宪宗经过考察，任命河中节度使张弘靖为宰相。

十月，宰相李吉甫逝世。十二月，宪宗又任命尚书右丞韦贯之兼任宰相。元和元年（806年）四月的制科考试就是由韦贯之和张弘靖主考的，那次选拔了18人，后来都以文才闻名，其中就有元稹、白居易、沈传师、独孤郁、萧俛等人。元和三年（808年）四月策试，韦贯之又录取牛僧孺、李宗闵、皇甫湜等人为甲等。

这一年，宪宗恢复了西北边境的宥州，用以安抚党项部落（陕北附近），同时防备回纥。李绛上疏说："回纥屡次请求联姻，朝廷认为公主出嫁外番费用太高（约需500万贯），一直没有允许。而今恢复宥州，修筑天德故城，恐怕会刺激回纥生出疑心。如果北方传出警报，消灭淮西之贼更无时日了。为什么不把公主嫁与回纥呢？所需费用不过江淮富庶之地数县的田赋啊。"

李绛是从战略角度考虑问题的，希望宪宗不要因舍不得钱财和公主而得罪了盟友。宪宗每次都予以拒绝，他真的是怜惜国库想把钱财用到淮西的刀刃上吗？可能有这方面因素，但更主要的原因在于宪宗的内心，因为他明白靠公主和亲及财物换取的和平难以持久，边疆的安全靠的是实力的威慑。

说起来，宪宗所崇敬的太宗和玄宗都曾被迫出嫁过公主。太宗面临吐蕃松赞干布的威胁，做出退让，将文成公主嫁去换回了和平，总体还算体面。唐玄宗时更是向东北日渐强大的契丹和奚嫁出了7位公主，尽管不是真公主，算是宗亲之女，但嫁妆财物可是一点都不能少，可到底换回了多久的和平呢？天宝四载（745年）九月，野蛮的契丹及奚人的酋长各杀大唐所嫁公主，举部反叛，这在中外和亲史上也是极为罕见的。和亲说得再冠冕堂皇，也是屈辱的。这就是为什么大唐公主宁愿当道姑或尼姑也不愿远嫁大漠。

终宪宗一世，都未曾远嫁公主和亲，他有自信，强大的国家不需要靠女人来维护边疆的安全，这笔账不是李绛所能算出来的。至于宪宗第十个女儿太和公主远嫁回纥，那已经是唐穆宗时期的事情了。

元和九年，宪宗的嫡长女岐阳公主要出嫁了，她的母亲可是郭贵妃，大家可能觉得想当驸马的人都排成长队了，但现实是很多世家大族的子弟居然都不愿意。宪宗很欣赏前宰相权德舆的女婿独孤郁的才华，叹息说："权德舆能找到这样的女婿，朕怎么就找不到呢？"之前宪宗命李吉甫等宰相在高级官员家族中挑选驸马，遭到了冷遇，倒不是岐阳公主人品或长相不好，那时谁能见到公主的面容呢？因为正牌公主大多刁蛮任性脾气大，有驸马郭暖与升平公主（即岐阳公主的外祖母）磕磕绊绊、醉打金枝的先例在，再说谁也没有郭暖（郭子仪之子）家族的功劳大，怎么能镇得住公主？再说了，做了驸马，仕途可以说基本就到头了。

这时，一位勇敢的青年站了出来，表示愿意做驸马，他就是杜悰，杜佑之孙、杜牧的堂兄。不知道他说愿意的时候是真的满意欢喜，还是内心忐忑不安？不过，当他娶了岐阳公主后，发现自己竟然成了世界上最幸福的男人。

这年八月，二人成婚，岐阳公主住进了城南韦杜的杜家。面对杜家长辈，她态度谦卑，说话温柔，就像普通百姓的妻子一样，孝敬公婆，遵守礼法。她刚结婚便对杜悰说："父皇赏赐给我的这些婢女是不会向杜家人低头的，最好把她们送回去，我们自己到外面另买婢女吧！"如果说这是装出来的，那么此后20多年，连最会挑毛病的人也挑不出岐阳公主有一丝傲慢或骄奢来，杜家祥和安稳，从未听到夫妻有争吵。当年的世家子弟都有些后悔了，但让他们更后悔的还在后面——杜悰有了这样一位贤内助，无后顾之忧，终成一代名臣，官居然越做越大，最后当上了宰相。

第二节　淮西风云

元和九年最大的一件事——淮西节度使吴少阳去世发生在闰八月。

说起来，安史之乱爆发的第二年（756年），为了阻遏叛军南下江淮以及永王李璘北上中原，唐肃宗就设立了淮西镇，当时的淮西镇辖区很大。762年，从安史叛军反正的东北平卢军将领李忠臣（原名董秦）带领部分平卢军人来到淮西任职，逐渐形成了胡化汉人军事集团，有了割据的企图。李忠臣荒淫无道，族侄李希烈将其逐出淮西，自己被朝廷任命为节度使。建中之乱时，朝廷派李希烈讨伐叛乱的河北三镇和平卢、淄青，淄青李纳的平卢军与其有旧，在他们的怂恿下，李希烈反而和河北叛军勾结对抗朝廷。后来李希烈被属下杀死，不久淮西又被来自平卢军的幽州人吴少诚割据。吴少诚死后，吴少阳杀其子继任节度使。当时中央正在讨伐成德，无力干涉，只好予以认可。

因为周边都是忠于朝廷的藩镇，淮西很难直接得到河北三镇和平卢、淄青的援助，暗中的物资走私交易多次被宣武节度使韩弘查获充公。吴少阳活着时，为了充实军备，暗中招揽了很多亡命之徒，劫掠寿州境内的茶山以及附近州县。吴氏的统治杀伐残酷，大力发展武备，因此，地域虽小，战斗力却不可小瞧。德宗时两次派大军讨伐都未能攻克，但总算收回了几个州，使得淮西割据之地只剩下申、光、蔡三州。

吴少阳死后，其子吴元济对外封锁消息，上疏朝廷，说父亲病重，自己被推为留后，请求宪宗批准。

自上次讨伐成德，错失对淮西的讨伐以来，宪宗一直后悔没听李绛的劝告先讨淮西。上天开眼，吴少阳五年而毙，机会再次来临，而这次，决不能再失之交臂了。

他毫不迟疑，快速调动淮西周边的各军统帅，增派兵员与武器。先是撤回驻守河阳（今河南孟州）的部队，因为魏博归来，不需要再驻扎重兵了，又加授田弘正检校右仆射兼使相。同时将河阳镇驻地迁往汝州，保护东都洛阳。任命李光颜为忠武镇都知兵马使，命山南东道节度使袁滋与荆南节度使严绶职位互换。

淮西判官苏兆、杨元卿和大将侯惟清都曾劝吴少阳不要对抗中央，应只身前往长安入朝。吴元济当权后，诛杀了苏兆，囚禁了侯惟清，杨元卿刚好被派往长安，他把淮西内部虚实都透露给了主战派宰相李吉甫。吴元济于是杀掉杨元卿的妻子和 4 个儿子，把他们的血涂抹在靶场，告诉大家这就是背叛他的下场。

李吉甫和武元衡恳请宪宗下令讨伐，张弘靖建议先礼后兵，于是宪宗先派钦差大臣前去吊丧宣慰。谁知吴元济拒绝钦差进入，还出兵攻破了河南舞阳，残忍地进行了屠城，并焚烧了叶县，抢掠了鲁山县和襄城县，剽掠千余里，潼关以东都为之震恐不已。

这时主战派李吉甫突然去世，宪宗悲伤了很久。李吉甫虽然不如李绛那么直言诤谏，但才能出众，是个全方位的宰辅之才，对元和目前的良好局面贡献巨大，宪宗追授他司空衔，赐谥号为忠懿。之后，宪宗将讨平淮西的希望寄托到了与李吉甫一脉相承的主战派宰相武元衡身上。

朝廷对淮西先礼后兵，礼数也尽了，纨绔子弟吴元济居然如此丧心病狂，也只有让他领教领教王师的厉害了。

接着，宪宗擢升李光颜为忠武节度使，吕元膺为东都留守官，后来的战况证明，这两个任命很具慧眼。

不过，宪宗任命山南东道节度使严绶为申、光、蔡三州招抚使督导中央军队，却不够恰当。之前，严绶派出的将军（如李光进、李光颜）都是立下战功的关键人物，让宪宗对他也高看了不少。其实严绶并没有多少将帅之才，一向庸庸碌碌，不求有功但求无过而已。

宪宗还任命内常侍崔潭峻为监军，赶赴荆南节度府驻地江陵。按照先例，任命监军会干扰将领作战部署，虽然不知道他对战争产生了多少消极影响，但可以知道的是他对久居江陵的元稹产生了积极影响。崔潭峻在宫中属于

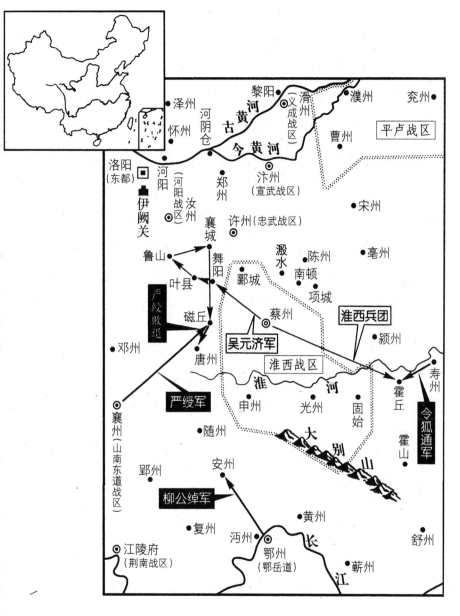

淮西吴元济大掠汝北（选自《柏杨白话版资治通鉴》）

梁守谦、王守澄一派的大宦官，与元和五年在敷水驿暴打过元稹的仇士良、刘士元不是一派（他们属于吐突承璀一派），两派有着明里暗里的斗争。关键这个崔潭峻还喜爱诗歌，特别是元稹的诗歌，可想而知，两个人还是有很多共同话题的。后来崔潭峻回宫后向皇帝推荐了元稹，元稹的命运从此改变，当然，他也被扣上了"结交宦官、谋取权位"的帽子，在士大夫阶层中为人所诟病。

第十一章

元和十年——

长安演悲情

第一节　武元衡遇刺

元和年间的平藩之战可谓多矣，但最艰难的非元和十年（815年）莫属。这一年在大唐历史上留下了浓墨重彩的一笔，不仅是军事上，在文化上也是如此；这一年，很多人的命运发生了重大改变，包括文官、武将和无数的老百姓；这一年，如果用一个词来概括，那就是——悲情！

元和十年的开端，淮西吴元济的军队延续着疯狂，四处掳掠抢劫，甚至逼近了东都洛阳的近郊。一个地处中原、只有三州之地的淮西镇，周围都是忠于中央的军队，居然割据了30多年，朝廷先后数次围攻不下。为什么淮西的军队如此剽悍？因为淮西和淄青都属于当年平卢军的势力，胡化色彩浓厚，热血尚武，好勇斗狠。相比于淄青高句丽人的逐步汉化，淮西在汉人胡化的道路上越走越远，军队以高速机动的骑兵为主，穷凶极恶，周边州县都为之胆寒。要知道，在冷兵器时代，文明程度高的往往容易被文明程度低的所击败。北魏（鲜卑族建立）孝文帝不顾群臣反对，迁都洛阳、改汉名，主动接受文明程度更高的汉文明，最终北魏却还是被鲜卑野蛮落后的6个军镇推翻；魏晋南北朝400余年的大分裂，文明程度更高的南朝始终被北朝压着打。

还有一点，就是官军将领在前线指挥战争的行动需要得到监军或皇帝授权，很难适应战场瞬息万变的形势，难免错失良机；而淮西的将领外出作战，都被授予完全的作战自由，不受任何法令约束，每个人都可以充分发挥自己的才能，反应迅速，奖惩及时，因此战斗力很强。

元和十年正月，宪宗下令免除吴元济所有官爵，命荆南、宣武、魏博、山南东道等16个藩镇及道的军队从四个方向讨伐淮西。说起来阵容庞大，但每个藩镇及道所派出的兵力只有数千人而已，难以协调指挥。西线的严绶获得小胜就沾沾自喜，不再防备，夜间就被淮西叛军反攻，遭遇惨败。东线的寿州团练使令狐通也被击败，州境上各营寨全部被叛军攻破，守军遭到屠杀。偶尔能听到的一点好消息，大多是北线李光颜军和南线柳公绰、李听军传来的，但并未推进多少。

吴元济一边以攻代守，一边派人向淄青李师道和成德王承宗求救。李师道和王承宗自然不会坐视不理，自从魏博回归中央后，他们又少了一些筹码，现在当然会抱团取暖，誓将割据进行到底。二人于是多次向宪宗上疏请求赦免吴元济，宪宗都不答应。宪宗动员各藩镇兵力时也没有调动淄青军，于是李师道派大将率领两千兵马扑向寿春（今安徽寿县），声称协助中央军讨伐，实则想乘机援救淮西。

李师道离淮西更近，与淮西军渊源更深（早期同属平卢军），往日也有多次勾结，想让朝廷知难而退的想法也最为坚决。他平时豢养数十位厉害的杀手，待遇优厚，养兵千日用兵一时，那些人建议说："兵马未动粮草先行，现在河阴（今河南郑州西北）仓存有江淮地区的大量粮食，我们秘密潜入将它焚毁，断他粮草供应。再招募洛阳恶少劫掠、焚毁东都宫殿。他们必将救援东都，淮西自然得以保全。"

李师道同意了，自此，东都周边到处发生抢掠案件。四月十日晚，数十个全副武装的盗匪杀入河阴转运院，杀人放火，焚毁钱财30余万贯、绸缎30余万匹、稻米3万余斛、兵甲不计其数。一时间人心恐惧，向朝廷请求停止讨伐淮西的呼声成了主流，武元衡、裴度这些主战派反而成了少数，但宪宗给予主战派坚决的支持。然而中央各路大军很久没有取胜了，这样下去，会不会重蹈当年讨伐王承宗无功而返的覆辙？

这时，御史中丞裴度自请前往前线慰劳大军，考察作战情况，宪宗欣然同意。裴度回来后给宪宗和武元衡吃了定心丸，他认为朝廷必然会取得胜利，并看好勇敢忠义的李光颜，认为他一定可以立下大功。

数日后，李光颜在北线时曲（今河南漯河南）被淮西叛军逼至营门前，李光颜无法冲出，于是自行拆毁军门两侧的栅栏，背水一战，发动骑兵冲击。他亲率几名骑兵，身先士卒杀入敌阵之中，杀入杀出三四次，淮西军集中射击他，他中箭如一个大刺猬。他儿子抓住马头阻止他再次冲入敌阵，受伤流血的李光颜举刀将其骂走，将士看到后，无不争先死战，淮西叛军顿时崩溃，数千人被杀。宪宗认为裴度有知人之明，对他更为倚重。

这时在朝廷主导这场平叛战争的是宰相武元衡。他一生最快乐的日子恐怕就是在西川任节度使那几年了，受百姓爱戴，和掌书记裴度、女诗人薛涛互相唱和，走遍了蜀中的山山水水。

平和的蜀中生活一年就磨灭了高崇文的斗志，但七年也没有磨灭武元衡心中的壮志。元和八年武元衡回朝拜相，积极参与各项国家大事。当时宰相李吉甫、李绛不和，武元衡对二人不偏不倚，只从事情本身出发，直言相谏，很为宪宗赞赏。

主持讨伐的李吉甫死后，重任自然落到了武元衡身上。他夙兴夜寐，牵挂着前线的每一条消息，寻找着一切可以击败叛军的机会。他写的一首诗《夏夜作》就反映了其彻夜工作的情景："夜久喧暂息，池台惟月明。无因驻清景，日出事还生。"有人考证说这首诗就写于这一年六月二日夜，说他一语成谶。

话说李师道火烧河阴仓之后，目的并没有达到，于是杀手继续献计说："皇帝之所以誓死讨伐蔡州，都是宰相武元衡和他手下裴度的主意，杀掉他们，其他宰相官员都会吓破胆，一定会争着上疏要求停止讨伐。"李师道认为有道理，就给他们大量钱财去长安实施刺杀。

成德王承宗当然也没闲着，他派牙将尹少卿一行前往长安替吴元济解围。尹少卿到中书省晋见宰相，因言辞傲慢被武元衡骂了出来。王承宗非常生气，于是接连上疏攻击武元衡，宪宗当然不为所动，对武元衡坚信不疑。王承宗竟然与李师道不约而同地启用了刺杀这一招。

六月三日，天还没亮，武元衡就洗漱完毕，装上连夜拟好的奏疏，带10余名随从骑马走出靖安坊东门准备上朝。这时，随从手中的灯笼突然熄灭了，10余名杀手从黑暗中冲出来，举弓射向武元衡，一番交战，随从不敌纷纷逃走，一个杀手纵马上前，赶上受伤的武元衡，将他的头砍下来带走了。众人呼喊着靠近，举起火把照见武元衡倒在了血泊中，而那里，正是武宅东北角墙外。当时夜漏未尽，路上已有一些上朝官员及行人，人们议论纷纷，都说刺客杀了宰相，传到朝堂，众人还不清楚遇刺的是四位宰相中的哪一位。过了一会儿，武元衡的马像往常一样跑来了，早到的官员才知道遇害的是武元衡。天快亮的时候，宪宗仪仗行至紫宸门，官员告诉了他武元衡遇刺身亡之事，宪宗震惊不已，退朝到延英殿召见宰相。宪宗久久为之悲伤流泪，一天都食不下咽。

与武元衡遇刺几乎同时，裴度正走出通化坊大门准备上朝。他不是宰相，随从只有一人，杀手认为很好得手。杀手快速向裴度击刺三剑，头一剑砍断了裴度的靴带；第二剑刺中背部，所幸仅划破衣服；最后一剑击中了裴度的头部，顿时血流如注，裴度栽倒于旁边的水沟里。杀手上前准备砍头，裴度的随从王义从背后紧紧抱住了杀手，并大声呼喊，杀手情急之下砍断王义的一只胳膊逃走。水沟里的裴度因为头上的毡帽较厚，居然没死，只是受了重伤昏死了过去。

宰相被刺杀了！整个京师陷入了惊骇之中，很多官员躲在家中不敢出门。一连数日，宪宗在大殿上等候很久，官员们都没有到齐。宪宗下令金吾卫骑兵全副武装保护宰

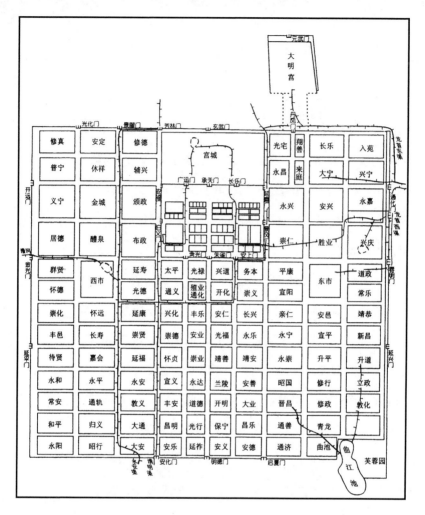

唐长安城街坊分布图

相安全，各坊大门都加派卫士，严密盘查。杀手将写好的信射进金吾卫、京兆府和长安、万年两县府，警告说谁搜捕就杀谁，因而这些官员都不敢积极搜捕。

196

最初发出声音的，是丁忧结束回京任太子左赞善大夫的白居易和兵部侍郎许孟容，他们认为这是大唐开国以来的奇耻大辱，即刻上疏请求尽快捕杀刺客，以肃法纪，许孟容并请擢升裴度为宰相，继续平叛事业。

宪宗没有被暗杀事件吓倒，下诏京师内外展开地毯式搜捕，捉到刺客的赏钱一万贯，并授予五品官；胆敢藏匿刺客的灭族。很快查到成德进奏院士兵张晏等 10 余人经常为非作歹，而王承宗此前上疏又多次攻击武元衡，于是命人审问，张晏等人一致承认刺杀了武元衡。也许是被屈打成招，也许他们也是王承宗所派的刺客，只不过还没来得及行动。宪宗下令斩杀张晏等 19 人，而李师道所派的杀手却暗中逃走了。

宪宗怒气未消，下诏公布王承宗的罪行，拒绝他的进贡，让他自己认罪归降。因正讨伐淮西，所以讨伐成德的时间暂时未定。

一代名相武元衡，长相俊美，性格温雅，在原则问题上却刚直不阿，绝不退缩。他为政廉明，生活节俭，工作之外最大的爱好就是作诗。他的诗被时人称为"瑰奇美丽"，与白居易齐名。史载，他每有好诗写出，就被好事者谱入歌曲，广为传唱。

死后的武元衡唯一值得欣慰的，是一向信任、支持自己的宪宗和自己一手提拔教导的裴度没有辜负自己的重托，在艰难的岁月里力挽狂澜，最终取得了平藩的胜利，也为自己报了仇。

第二节　裴度拜相

裴度受了重伤，在床上休养了 20 多天才有所好转，其间宪宗让卫队严密地保护他，送药慰劳的宦官不绝于道。朝中果然有人如李师道的杀手所说，吓破了胆，请求把主战派裴度也解职，以安抚王承宗和李师道。一向沉稳的宪宗大发雷霆，说："如果将裴度撤职，奸人的计策就完全成功了，朝廷纲纪如何得以整顿树立？朕用裴度一人，足以击败这两个乱臣贼子！"

裴度刚强正直，且能言善辩，尤其擅长把握施政要领，曾是武元衡的得力助手。俗话说：大难不死，必有后福。他的福报很快就来了。

六月二十四日，宪宗召裴度进宫谈话，谈了些什么史书没有记载，可以想见，二人一定下定决心，不会让武元衡枉死，不会半途而废，誓将平叛进行到底。

第二天，宪宗就任命裴度为中书侍郎、宰相，把平叛的事情全部交给他负责。

唐德宗时猜忌大臣，官员来往应酬都有人密报于皇上，连宰相都不敢在家里会客。针对这一点，裴度上疏说："宰相应该延请贤能人才广泛参与平叛，请陛下允许臣在私宅会客及商谋大事。"宪宗批准了，对他表示了极大的信任。

每当有大事发生，盗寇都会趁机作乱，这次刺杀导致京城内惊扰四起，朝野一片恐慌。宪宗委任裴度为宰相的制诰下达后，人心方才安定，人们认为他必定能消灭盗寇。

裴度个子不高、其貌不扬，却风神俊爽、文采出众。他是河东三著姓（裴、薛、柳）之首裴氏家族的杰出人物。裴姓和韦姓是整个唐代出宰相最多的，都出了 18 位。元和七年（812年），裴度曾赴魏博镇安抚回归的田弘正，立下大功。元和十年五月又赴淮西前线宣慰，坚决主张削平淮西以震慑其他藩镇。裴度拜相之后，人生开始走向辉煌，史称其"以身系国之安危、时之轻重者二十年"，被赞为"用之则治，舍之则乱"的治国能臣。元和中兴，裴度功不可没，他知人善任，先后推荐过李德裕、李宗闵、韩愈等人，重用过李光颜、李愬等人，保护过刘禹锡、柳宗元、白居易等人，威望极高。

对于这样一位人物，人们当然愿意传播他的故事。以裴度为主人公的故事，最著名的有两个："裴度还带"和"裴度失印"。元代关汉卿根据唐人记载，写过杂剧《山神庙裴度还带》，讲的是裴度拾宝（玉带）不昧因而救人性命、最终得中状元的故事。"裴度失印"的故事也来自唐人记载，讲的是裴度丢失官印后镇定自若，猜度为内部人所为，最后失而复得的故事，展现了他的聪明才智。

再回到淮西战场形势上。这一年八月底，大名鼎鼎的李光颜居然在时曲被淮西叛军击败了。而讨伐军的指挥官严绶，智略不足，治军宽柔，并没有军事指挥才能，却相信重赏之下必有勇夫，把军库的财物几天之内就给散光了，结果将近一年时间，也没有带来一次捷报。裴度不止一次指出他的无能，这次终于换掉了他，换上了宣武节度使韩弘做淮西前线诸军都统。

韩弘执掌宣武 10 余年，多次拒绝割据藩镇的诱惑，警告并打击割据藩镇，基本忠于朝廷，维护中央利益。同时却也 10 余年不入朝，时间长了，有拥兵自重半割据的苗头，朝廷也拿他没办法。他担任都统后，并不亲自到前线指挥，而是派儿子韩公武领兵三千协助李光颜，自己遥控战局，对淮西的讨伐并不积极，有养寇自重的嫌疑。

朝廷也看出了这一点，于是从山南东道分出唐、随、邓三州，让宿将高霞寓当唐随邓节度使，主要负责西线的军事讨伐，让户部侍郎李逊当山南东道剩余五州的节度使，征收五州的赋税支援高霞寓。高霞寓曾随高崇文平定西川，立有大功，后又在讨伐王承宗时多次立功。他率军驻于唐州，与淮西西界相接，大家期待着高霞寓能传来捷报，打破僵局。

这时，李师道招募洛阳恶少劫掠东都、焚毁东都宫殿的计划终于准备就绪，他将淄青在东都的留后院作为秘密聚集地，派出数百精锐进入其中，河南府尹不敢盘查。洛阳的警备军之前全都被调到伊阙（今洛阳龙门）防备淮西叛军了，洛阳城内并没有多少军事力量。

在发动血洗洛阳的前夜，小将杨进秘密潜出向东都留守官吕元膺告密，吕元膺大惊，连夜调回警备军，包围了淄青留后院，结果淄青叛军竟然突围而出，冲出洛阳城门，向洛阳南山逃走。此刻，洛阳人人惊恐不安，警卫军人员少，百姓不放心，吕元膺坐镇皇宫城门下，指挥战事，态度从容不迫，东都人心才开始安定。洛阳南边高山峻岭，树林茂密，当地人靠打猎为生，勇敢矫健，被称为"山棚"。吕元膺悬赏重金捉拿叛军，几天后，猎户引导中央军把叛军包围在山谷里，经过一番力战，将其全部捉拿。

审讯中，吕元膺查明他们的首领居然是嵩山中岳寺的和尚圆净。这个圆净已经 80 多岁了，曾经是史思明的部将，异常凶悍，安史之乱后遁入空门并不是为了洗刷罪孽，而是一直念念不忘血洗洛阳。他与李师道一拍即合，拿李师道的千万钱财在洛阳兴建了佛光寺，暗中集结党羽，策划在洛阳暴动，并在山中集合周边猎户进城助战。在被斩首时，他还叹息说："误我大事，不能使洛阳血流成河。"

审问之后，吕元膺得知策划东都血案的后台是李师道，竟然有两名将领和多名士兵都被李师道买通当了间谍，而且还知道了刺杀武元衡的杀手也是李师道派的。吕元膺处死了数千名叛乱分子，同时为防止洛阳再次被攻击，招募了大量南山猎户来保卫东都皇城。

武元衡遇刺案的消息吕元膺是另外写信密报宪宗的，宪宗得知李师道的罪行后怒不可遏，但如今正讨伐吴元济，对王承宗的讨伐也是箭在弦上，没有能力再讨伐李师道，只能暂且忍着，没有向外公布。

新任讨伐军都统韩弘为了打破僵局，请求中央下令各军同时进攻淮西，宪宗批准了。

一开始，战况顺利，李光颜、乌重胤在北线攻克了战略位置重要的溵水县（河南商水县），寿州刺史李文通在东边的固始县也击败了叛军。

李师道继续派人在后方大搞破坏，焚烧了济源的粮草辎重聚集处——柏崖仓，甚至还派人到关内"盗焚献陵寝宫、永巷""断建陵桥"，献陵是唐朝开国皇帝高祖李渊的陵寝，离长安城不过50余公里，建陵是唐肃宗李亨的陵寝，真是在大唐先皇坟上动土。

李师道还不断派淄青部队攻击南边武宁镇驻地徐州，攻破了萧县和沛县，武宁节度使李愿（名将李晟之子）将兵马交给战将王智兴组织反攻，先后两次击败淄青军，杀敌2000余人，追击到平阴（今山东平阴县）而回。这个王智兴可谓是淄青军队的克星，在建中二年（781年）淄青李纳进攻徐州时，王智兴就受命进京求援，他善于长途奔跑，不出5天就到了长安，德宗派遣朔方军15000人随他援救徐州，很快就解除了徐州之围，从此成为徐州独当一面的将军。他在日后还将多次击败淄青军队。

王承宗为了援助淮西，牵制朝廷军队，也挥军四处掳掠，制造混乱，周边的卢龙、横海、义武不堪其扰，纷纷要求朝廷下令讨伐。而此前魏博田弘正就率军进驻成德边境，被王承宗击败，他接连10余次上疏请求出军讨伐成德，还派儿子田布带兵赶赴淮西战场，忠君爱国之心天地可鉴。

宰相张弘靖和韦贯之都认为朝廷不能在南北两地同时作战，无论是人力、财力都无法支持，应该全力讨伐淮西，胜利后再伐成德。韦贯之以唐德宗建中二年（781年）爆发的建中之乱为例，说朝廷最先讨伐魏博田悦，后来又讨伐淄青李纳，引起卢龙朱滔、成德王武俊、淮西李希烈反叛，终于招来了朱泚泾原兵变，这都是德宗太急切、不能多忍受几年愤怒造成的。

王承宗数年前让朝廷无功而返，而今形势已经不同了，当年支持他的魏博归顺了中央，卢龙刘总也忠于朝廷，成德四周也都是忠于中央的军队。武将们为了尊严要奋起还击，而文官们列举实实在在的历史教训，要皇帝暂时忍耐几年，双方都有自己的道理。那宰相裴度是怎样看待的呢？宪宗皇帝会做出什么样的决定呢？

第三节　再别长安

前面说过，浓墨重彩的元和十年，悲情的元和十年，很多人的命运发生了重大改变，其中就包括这时期最优秀的文化人物——柳宗元、刘禹锡、白居易和元稹。

这年年初，同情永贞革新的宰相韦贯之、中书舍人崔群和御史中丞裴度等人认为国家正值用人之际，恳请宪宗下诏把贬往偏远地州10年之久的柳宗元、刘禹锡、韩泰等五人调回长安（当年的八司马中二人已死，程异升迁），他们在地方上很有作为，当年也都是才智之士、国之重臣，宪宗同意了。

一接到还京的诏书，柳宗元立刻收拾行装，和家人一起乘船出发了。一路上他心情很好，写了好多诗，比如舟过湖南衡山回雁峰，他写道："故国名园久别离，今朝楚树发南枝。晴天归路好相逐，正是峰前回雁时。"他不也像是南渡的大雁正要北归吗？前面是朗州，担任朗州司马的好友刘禹锡专程等他结伴还京呢，二人一路笑谈，往日阴霾一扫而光。出洞庭，过襄阳，经汉水，转丹水，到商洛转陆路出蓝关，就到了长安东郊的灞水边。柳宗元写诗道："十一年前南渡客，四千里外北归人。诏书许逐阳和至，驿路开花处处新。"满腔喜悦溢于言表。长安，生他养他的地方，他回来了，重新被朝廷启用了，政治生涯马上就揭开新的一页了。

这年二月，五位司马终于齐聚长安，10年未见，如对梦寐，悲喜交集，有说不完的话。同时，他们也在等待着朝廷对他们新的任命。

怎样安排他们，朝中意见不一，韦贯之、裴度等人爱其才想要留京重用，以李逢吉为首的谏官却认为不可，宰相武元衡更是因当年王叔文对自己的打压（导火索正是刘禹锡）而厌恶永贞党人。

在这关键时刻，刘禹锡等人去长安城内的玄都观观赏桃花，刘写了一首题为《元和十年自朗州至京戏赠看花诸君子》的诗：

紫陌红尘拂面来，无人不道看花回。

玄都观里桃千树，尽是刘郎去后栽。

刘禹锡善于讽刺，写的是桃，说的是人，他把桃花比作新贵，说他们都是在自己被排挤后爬上来的，武元衡、李逢吉等人大为不满，参了他一本。宪宗权衡再三，又想起自己当太子时刘、柳等人的态度，于是以"语涉讥刺"为理由，没有让他们留京，而是任命五人为偏远地州的刺史，并要求即日启程，离开长安。虽算是官升一级，但回京的五人却比贬官更感凄凉。

　　刘禹锡被任命为播州（贵州遵义）刺史，播州是以山区僚人为主的羁縻州，地广人稀，不过数千民众，比柳宗元任职的柳州还要偏远荒蛮。刘禹锡的老母亲已经80多岁了，经得起长途颠簸吗？如果老母亲不去，那么肯定就成了生离死别了。这时，柳宗元站了出来，向宪宗求情，说自己愿意与刘禹锡交换，自己去播州任职，让刘禹锡去柳州！柳宗元在永州蛮荒之地淹留11年，失去了母亲，缺乏合适的伴侣，健康状况也很差，竟然为了挚友，愿意去更蛮荒之地，着实让人感动不已。

　　幸亏裴度替刘禹锡求情，宪宗于是改派他任连州（今广东连州）刺史。

柳宗元与刘禹锡结伴南行，再次告别了魂牵梦萦的长安，下次不知何时才能回来。此时正是阳春三月，杂花生树，莺飞草长，二人却心情沉重，无心赏景。终于到了衡阳，两人就要在此分别各赴其所了，柳宗元含泪写诗赠别刘禹锡：

> 十年憔悴到秦京，谁料翻为岭外行。
>
> 伏波故道风烟在，翁仲遗墟草树平。
>
> 直以慵疏招物议，休将文字占时名。
>
> 今朝不用临河别，垂泪千行便濯缨。

刘禹锡对朋友饱含内疚和感激，也以诗歌回赠道：

> 去国十年同赴召，渡湘千里又分岐。
>
> 重临事异黄丞相，三黜名惭柳士师。
>
> 归目并随回雁尽，愁肠正遇断猿时。
>
> 桂江东过连山下，相望长吟有所思。

　　想到今日一别，下次相见更不知何年何月，柳宗元不禁悲从中来，再次赠诗曰："二十年来万事同，今朝岐路忽西东。皇恩若许归田去，晚岁当为邻舍翁。"两人相交已久，心有灵犀，刘禹锡此刻也在内心许下这个愿望："弱冠同怀长者忧，临岐回想尽悠悠。耦耕若便遗身老，黄发相看万事休。"

"悠悠天地内，不死会相逢。"两位大诗人都没有想到，这次分别竟然是永别！四年后，宪宗又准备召柳宗元回京，柳宗元却等不到了，含恨客死于柳州。

同情刘、柳的元稹年初也接到了回京的诏书，但他却没有抱太大希望。他随淮西招讨使严绶赴任唐州，担任唐州从事，出入于淮西疆场，积极参加征讨行动，冀图为国立功、为民平叛。不想仇士良恰好前来淮西担任监军使，他的权力大过节度使，自然不会让与自己有过冲突的元稹在前线立功，于是让吐突承璀调走了他。

元稹先刘、柳二人到达蓝田的蓝桥驿，得知刘、柳即将归来，于是于驿馆墙壁作《留呈梦得子厚致用》一诗："泉溜才通疑夜磬，烧烟馀暖有春泥。千层玉帐铺松盖，五出银区印虎蹄。暗落金乌山渐黑，深埋粉堠路浑迷。心知魏阙无多地，十二琼楼百里西。"前六句写眼前实景，却透露出心态的迷茫；后两句本说的是长安不远了，往西边100里就到了，可听起来仿佛在说：我心里知道朝廷没有多余的位置给我们。

长安，也是元稹出生成长的故乡，他在这里考上状元，走向仕途，认识了终生好友，也在这里遭遇打压。被贬5年，母亲妻子都已亡故，兄弟子侄在外宦游，长安故宅空无一人，庭院荒芜。幸亏好朋友大多都在长安，那短短的一个来月，他与白居易、李绅、张籍、刘禹锡、柳宗元等人诗酒唱和、流连忘返，倒也畅快。

　　三月二十五日，在刘、柳等5位司马被贬远州刺史11天后，贬元稹为通州（四川达州）司马的诏令也下来了，这个贬谪比永贞党人更严重，肯定有吐突承璀和仇士良的功劳。白居易有诗："何罪遣君居此地？天高无处问来由！"

　　用元稹转述当地人的描述，通州是"幽、阴、险、蒸、瘴之甚者"，"夏多阴霾，秋为痢疟，地无医巫，药石万里，病者有百死一生之虑"。这里历来是权臣贬斥政敌或异己的地方，到了这里不仅有志难伸，恐怕也有性命之忧。永贞革新中被贬斥的贪官、京兆尹李实到通州不久就病死了。元稹不知道自己能否活着回来，所以没有让儿女同行，临行前还将20卷诗文交给白居易保存。

　　白居易为好友感到悲愤与不平，他写诗道：

通州海内恓惶地，司马人间冗长官。

伤鸟有弦惊不定，卧龙无水动应难。

剑埋狱底谁深掘？松偃霜中尽冷看。

举目争能不惆怅，高车大马满长安。

三月二十九日元稹启程，白居易一直送到长安城西的蒲池村，两人在此借宿一晚彻夜相谈，次日在沣水边依依惜别，白居易写诗道：

城西三月三十日，别友辞春两恨多。

帝里却归犹寂寞，通州独去又如何？

元稹也回赠了一首诗：

今朝相送自同游，酒语诗情替别愁。

忽到沣西总回去，一身骑马向通州。

白居易回来后又写了一首《醉后却寄元九》：

蒲池村里匆匆别，沣水桥边兀兀回。

行到城门残酒醒，万重离恨一时来。

元稹去通州后果然水土不服，重病卧床，几度徘徊在生死边缘，最后好不容易到兴元（陕西汉中）治疗了一年多才好转。

元和九年末，白居易丁母忧结束，回京被授予太子左赞善大夫，半年后就发生了武元衡遇刺案，在包括其他宰相在内的多数官员都还惊魂未定、胆战心惊的时候，白居易当天中午就写好奏疏递了上去，他说这是有文字记载以来历史上最大的耻辱，朝廷必须立即捕杀刺客以谢天下。这样做本没有错，但对于被白居易写讽喻诗大肆讽刺的宦官和旧官僚们来说，终于找到了打击他的最好机会。他们说白居易是东宫太子官属，并非言官，却越职言事，但即便这样也没有罪啊，于是他们搬出了封建社会最重要的"名教"来，诬陷他"浮华无行"，说白居易母亲是看花堕井而死的，而白居易却写有《赏花》《新井》等诗，"甚伤名教，不宜置彼周行"，就是说他不宜再当太子属官了，应该被贬官外放。

最初宰相奏贬白居易为江表刺史，诏书都下了，白居易都出发了，中书舍人王涯（曾经翰林院的同事）又落井下石，参了一本，说白居易这种不孝的人不宜管理一方，朝廷遂改授他为江州司马。20 年后，甘露之变中，宰相王涯无辜被牵连，全族被杀，当时白居易正在洛阳登香山，过几天知道了消息，写诗道："祸福茫茫不可期，大都早退似先知。当君白首同归日，是我青山独往时。"

被贬江州对白居易的打击非常大，他一片赤诚忠心，却换来了如此结局，伤心程度可想而知。他出长安东城门，过灞桥，来到蓝桥驿，看到年初元稹的题诗还在，对无常的命运感慨不已。回望长安，他无限悲伤，12年的长安岁月，浮浮沉沉的京官生涯，就要结束了吗？他的长诗《东南行一百韵寄通州元九侍御澧州李十一》描述了这种心情。

这一年的秋天，在通州卧病的元稹得知白居易被贬江州司马的消息，震惊不已，写了一首《闻乐天授江州司马》："残灯无焰影幢幢，此夕闻君谪九江。垂死病中惊坐起，暗风吹雨入寒窗。"

贬谪路上，白居易读到元稹的《放言五首》，联想自身遭际，深有感触，也和诗《放言五首》。放言，就是无所顾忌，畅所欲言。最有名的是第三首：

赠君一法决狐疑，不用钻龟与祝蓍。

试玉要烧三日满，辨材须待七年期。

周公恐惧流言日，王莽谦恭未篡时。

向使当初身便死，一生真伪复谁知。

客观地说，江州（江西九江）是个大州，地处水陆要津，相当繁华，白居易的日子过得并不差，但他志存高远，跟长安任京官的岁月相比还是落差太大。白居易的诗歌创作，以元和十年被贬江州为界，分为前后两期：前期"达则兼济天下"，讽喻诗写得多；后期"穷则独善其身"，闲适诗写得多。江州司马是个闲差，他有了更多时间进行文学创作和回顾，他把元稹交给他的 20 卷作品认真读完，然后把自己的 800 多首诗也进行了编排，将它们分为讽喻、闲适、感伤和杂律四类。这一年冬，他将自己对诗歌的思考和理解写了一封长信给元稹，这就是著名的《与元九书》，同时也是文学史上极为重要的理论著作。

在《与元九书》中，白居易系统地论述了由古至今的诗歌理论，提出了自己现实主义的创作观点和通俗平易的要求，他说："诗者，根情，苗言，华声，实义。"认为诗歌必须具备情感、语言、声韵和思想四要素。他提出了"文章合为时而著，歌诗合为事而作"的要求，"总而言之，为君、为臣、为民、为物、为事而作，不为文而作也"。

他在信中还写到了自己的新乐府讽喻诗遭到权贵和宦官的愤恨："凡闻仆《贺雨诗》，众口籍籍，以为非宜矣；闻仆《哭孔戡诗》，众面脉脉，尽不悦矣；闻《秦中吟》，则权豪贵近者，相目而变色矣；闻《登乐游园》寄足下诗，则执政柄者扼腕矣；闻《宿紫阁村》诗，则握军要者切齿矣。大率如此，不可遍举。不相与者，号为沽名，号为诋讦，号为讪谤。……始得名于文章，终得罪于文章，亦其宜也。"看来他自己也知道，他的诗文是被贬的重要原因。

在江州的第二年，他送客人至浔浦口，忽然听到船上有人夜弹琵琶，"听其音，铮铮然有京都声"，一问之下，果然琵琶女是长安女子，想起长安，听到京音，白居易"江州司马青衫湿"，写下了传诵至今的《琵琶行》。

第十二章

——

元和十一年

复讨王承宗

第一节　河南河北

宰相张弘靖和韦贯之同意贬谪白居易的一个原因，就是他们不愿意尽快查出刺杀武元衡的幕后真凶，因为当时明摆着幕后不是王承宗就是李师道，查出来后朝廷为了尊严就得讨伐，而他们认为国家没有财力再开辟第二战场，那样的话，恐怕两场战役都会失败。为了平藩大计，他们宁愿暂时牺牲武元衡，先集中精力对付淮西。

这样想的官员占了多数，裴度和宪宗不可能不知道，数年前讨伐王承宗无功而返的结果他们也没忘。但是，宰相在家门口被刺杀，这是历史上从没发生过的极端恶性事件，是对中央朝廷的极大挑衅。既然查明了幕后主使是王承宗（宪宗没有公开吕元膺在洛阳的审讯结果），如果不进行讨伐，只能让更多的藩镇认为中央朝廷软弱，割据的局面如果发展成东周的列国纷争与东汉末的群雄逐鹿，这是绝对不能容忍的。

犯天子者，虽远必诛，只有树立起大唐中央的权威，才能维护地区平衡和社会秩序，实现大唐中兴大业。再说了，如今的情势也和当年讨伐成德时不同了，当时魏博田季安和昭义卢从史暗中勾结王承宗，现在魏博节度使田弘正和昭义节度使郗士美都忠心耿耿，成德周边藩镇都听从中央号令，纷纷上表请战，对于主战派的裴度和宪宗来说，还有什么顾虑呢？

元和十一年（816年）春节刚过，宪宗就将宰相张弘靖调为河东节度使，仍遥兼宰相一职，后擢升李逢吉为宰相。对于其他人就没有这么客气了，请求罢战的翰林学士兼中书舍人钱徽、驾部郎中兼知制诰萧俛都被免去了兼职，作为对罢战派的警告。荆南节度使袁滋（当年他赴任西川节度使，因畏惧刘辟不敢前进而被贬官）因为祖父和父亲的墓地都在淮西，来到长安准备劝宪宗停止讨伐淮西，听到钱、萧二人被免职，立即改口，说应该坚持继续作战，而且一定会取胜，总算得以回任。

正月十七日，宪宗正式下诏剥夺成德王承宗所有官职和爵位，命魏博、昭义、卢龙、义武、横海和河东等六镇出兵讨伐。宰相韦贯之谏阻，宪宗不理。这样，除了黄河以南的淮西战役，黄河以北的成德战役也打响了。黄河上下，兵戈再起，大唐的国力能支持同时打赢两场大规模的战役吗？

开战数月内，河北战场的好消息不断传来，卢龙刘总、昭义郗士美、魏博田弘正都连番传来捷报，毙敌数千，攻克数县，刘总还重兵包围了乐寿（今河北献县）的成德叛军。

四月底，义武节度使浑镐也在九门（今河北藁城）击败了成德军队，杀敌1000余人。七月，田弘正在南宫大败成德军，杀敌2000多人。

在王承宗的地盘打仗，你可以击败他，但很难占领他的城池步步推进，因为他补充兵员的效率很高，很快就又在原地对峙开来。而藩镇的讨伐部队环绕成德四周数千里，既没有统帅统一指挥，彼此之间又距离太远，很难约定一

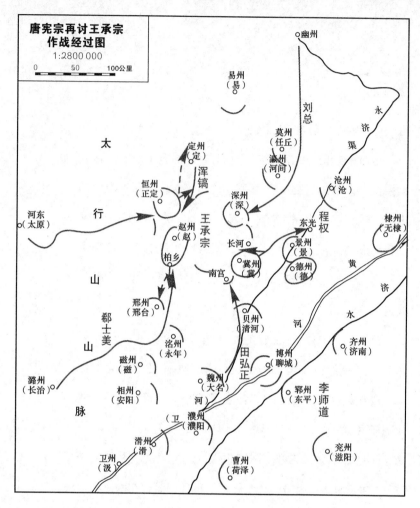

唐宪宗再讨王承宗作战经过图（选自《中国历代战争史地图册》）

个共同行动的日期，各部队只好逗留徘徊，推进很慢，战

争进入相持阶段。对于朝廷来说，也就进入了持久的国库

消耗阶段。

再来看看大河之南淮西的战况。

与河北之战同时，河南之战也进行得如火如荼。唐随邓节度使高霞寓在西线河南朗山击败淮西军队，杀敌千余人，烧毁两座营寨。屡立战功的东线寿州团练使李文通也攻克了墩山（今河南固始县东）。

李光颜和乌重胤两位主将在北线陵云栅（今河南漯河以北）击败淮西部队，杀敌3000人。因为陵云栅战略位置非常重要，敌军前来增援，官军再次击败援军，毙敌2000余人。战场形势似乎一片大好，这样下去，胜利指日可待。

六月，高霞寓在拿下朗山之后，率兵取萧陂，在铁城（今河南遂平县西南）与敌人决战。他虽然作战勇敢，但一向没有谋略，取得小胜后就率军冒进，结果馈运不继，被敌军诱入埋伏之中，军队被全歼，仅他一人脱身。当时，各镇将领取胜则虚报战果、夸大数字，败了就不上报，这次，高霞寓全军覆没，没有办法掩饰了，不得不上报朝廷。

高霞寓之败让朝廷惊愕不已，不是都凯歌高奏，胜利指日可待吗？怎么来了个180度的大转弯？

宰相、高官们纷纷劝宪宗停止讨伐淮西，主战的只有裴度数人而已。宪宗说："胜败是战场上常有之事，怎能因一个将军一次战役的失利就讨论停战呢？现在要讨论的，应该是调整战术战略、换掉不能胜任的将领、想办法供应军粮辎重这些问题。"裴度立即在这几个问题上提出他的建议，反战论调才稍微有所平息。

第二节　贬相换将

调查失败原因后，宪宗将高霞寓和供应粮草不及时的山南东道节度使李逊贬官，同时将河南尹郑权擢升为山南东道节度使，将荆南节度使袁滋调为淮西节度使，兼唐随邓观察使，驻军唐州。宪宗难道是无将可派了吗？居然把胜利的希望寄托到了袁滋身上。

宣武节度使韩弘坐不住了，朝廷忘了他是讨伐淮西的总指挥了吗？这是要撤掉他的都统吗？看来朝廷对他不抱多大希望。于是他难得地率军攻打郾城，击败淮西军队两万人，毙敌两千，俘获一千，向朝廷证明了自己的存在和实力。

宰相韦贯之出身京兆韦氏，因朝廷对淮西、成德同时用兵军费浩大，多次请求停讨成德而专讨淮西，与裴度常有争论。左补阙张宿趁机抨击他，说他性情高傲，且与同为京兆韦氏的吏部侍郎韦皋、考功员外郎韦处厚等人结党营私。于是，宪宗免去韦贯之宰相一职，贬他为湖南道观察使，将韦皋、韦处厚等人贬为偏远地州刺史，还将反对讨伐的右拾遗独孤朗贬为兴元仓曹，朝廷内罢战的声音开始减少。

淮西战场李光颜和乌重胤再次传来捷报，不但攻克了陵云栅，还拿下了石、越二栅。李文通也在殷城（今河南商城县）连克六个营寨。淄青的李师道听说后，开始感到畏惧，上疏称拥护中央朝廷。宪宗虽然知道不能全信，但为了笼络他，让他不要再生事，还是加授他摄理司空的中央官衔，此后来自他的骚扰逐渐减少。

这时，中央投入九万多人的军队讨伐淮西，已历经两年多时间，却只见妙传，不见临门一脚，一直没能给其致

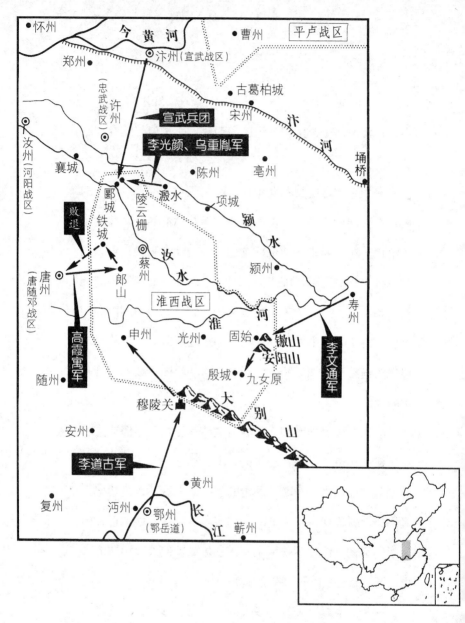

中央军围攻淮西形势图（选自《柏杨白话版资治通鉴》）

命一击，宪宗对此感到恼怒。监军宦官仇士良也开始失宠，宪宗派另一派的宦官头目、知枢密梁守谦去前线慰问并留下担任监军，并交给他 500 份任命状和大量财宝，用来奖励为国效命的将士。梁守谦萝卜与大棒共用，先是奏请朝廷给李光颜加授中央高官官衔，同时让宪宗下诏责备各位将军，声称再不立功将要严厉处罚。

时间终于到了元和十一年的年底。这一年，河南河北两线作战，有胜有败，但胜利还是略多一些，至少河北战场还未上报过有败仗。

河北战场上，在各军将领互相观望、都不愿单独前进时，昭义节度使郗士美却率领精锐部队，在柏乡（今河北柏乡县）打败成德军，杀敌一千，俘虏一千，建立三座军营包围了柏乡。横海节度使程执恭也不甘落后，在长河（今山东德州）击败成德叛军，毙敌千余人。

十二月，义武节度使浑镐屡战屡胜，于是率全部军队进入成德境内，在距成德镇治所恒州（今河北正定）仅 30 里的地方驻扎下来。这让王承宗感到恐惧，他反其道而行之，派军秘密进入义武境内，烧杀抢掠，义武军将士担忧后院而人心不稳。这时，宦官前来催战，浑镐率军在恒州附近与王承宗交战，成德军在自己的核心区域稳扎稳打，浑镐大败，逃回了定州。河北一支军队退出了战斗，其他军队也斗志大减。

宪宗得知消息，擢升易州刺史陈楚为义武节度使，军中士兵得知后，攻击浑镐，抢掠其家产，甚至连他家男女老少的衣服都抢夺，河北军队的风气真是野蛮。陈楚飞马进入定州平息骚动，护送浑镐及家人回京。

再说说年底的淮西战事。袁滋到达唐州后，不再派出侦察兵侦察军情，也禁止部队进入淮西境内，难道他要与淮西和平共处？吴元济才不管他怎么想呢，立即派军包围了新兴栅，威胁唐州，袁滋居然卑躬屈膝地派人带着钱财向吴元济乞求解围。吴元济因此瞧不起官军，觉得朝廷无人，对战事也放心多了。

十二月二十三日，这一年即将过去，朝廷终于看清了袁滋的窝囊，将他贬为抚州（今江西临川）刺史。朝廷一时也找不到更合适的将领，想起名将李晟的儿子、太子詹事（太子宫的总管）李愬从淮西一开战就请求赴前线，于是就委派他担任唐随邓节度使。李愬虽然是名将李晟之子，但和在淮西打仗的兄长李愿、弟弟李听不同，43 岁的他从来没有领兵打过仗。朝廷真的是无人可派了吗？带兵多年的李愿、李听尚且在淮西战场表现一般，没有经验的文官李愬能在淮西开辟一个良好局面吗？名将之子真的就与众不同吗？

第三节　诗鬼李贺

元和十一年，去世的人多不胜数，有两个人需要提及。

一个是唐宪宗的母亲王太后，享年 54 岁，这是国家大丧，包括宪宗在内的百官都要服丧几天。宪宗对母亲很孝顺，为此将国事交给宰相们，5 个月后将母亲安葬于父亲唐顺宗的丰陵，谥号庄宪皇后。

另一个人去世时年仅 27 岁，他就是中唐著名浪漫主义诗人李贺，与李白、李商隐一起被后人称为"唐代三李"。但在当时，他一点儿也不著名，死得悄无声息，没有引起任何反响。

　　说起来李贺还算是唐宗室的远支，却家境贫寒，因为儿时得病，一生身体都不好，养成了敏感内向的性格。也因为那场病，他自幼体形细瘦，通眉长手。他的生活阅历并不丰富多彩，内心世界却很深邃浪漫，据说，早慧的他童年即能作诗，十五六岁时在古乐府诗方面就与中唐边塞诗人李益齐名。他的诗想象力极为丰富，语言瑰丽奇峭，经常用神话传说来托古喻今，被当时人称为鬼才，他的诗被称为"长吉体"（长吉是他的字）。

　　元和三、四年间，十八九岁的李贺曾到洛阳拜会过韩愈，韩愈很欣赏他，对他多有推荐延誉，并与皇甫湜一同回访，李贺为此写了有名的《高轩过》一诗，诗末写道："庞眉书客感秋蓬，谁知死草生华风。我今垂翅附冥鸿，他日不羞蛇作龙。"诗中流露出希望改变命运的强烈愿望。之后，李贺便去京城长安发展，因避父名讳不能考进士，韩愈为此写了《讳辩》一文批判这种不合理的避讳制度。李贺有诗句"长安有男儿，二十心已朽""病骨犹能在，人间底事无""少年心事当拏云，谁念幽寒坐呜呃"来抒发他郁郁不得志的失落。在韩愈的帮助下，李贺在长安做了3年九品小官奉礼郎，其间创作了60余首诗，有名的如《李凭箜篌引》《老夫采玉歌》《听颖师弹琴歌》等，都描述的是长安人事、京城风物，颇有影响。

元和八年李贺因病辞官，回归河南昌谷老家，休养一段时间后，在韩愈弟子张彻的帮助下，到昭义节度使郗士美幕府做过两三年幕僚，未见重用，但因此写了一些雄浑的边塞诗。元和十一年（816年）从昭义归来不久在家乡去世。

他一生仕途失意，就将大量精力用在写诗上。他常常骑一头毛驴，背一个破锦囊，一有灵感妙句就赶紧写下投入囊中，回家后接着写完。他母亲为此心疼他说："儿子你是要把心都呕出来，才能停止写诗吗？"长期抑郁感伤、焦思苦吟的生活方式，极大地损害了他的健康。

李贺死前曾将他的诗分为四编，交给朋友保存。15年后，朋友请当时的大诗人杜牧写序，杜牧一读之下惊讶不已，欣然写下了《李长吉歌诗叙》，赞之为"骚之苗裔"，给予了高度评价：

……云烟绵联，不足为其态也；水之迢迢，不足为其情也；春之盎盎，不足为其和也；秋之明洁，不足为其格也；风樯阵马，不足为其勇也；瓦棺篆鼎，不足为其古也；时花美女，不足为其色也；荒国陊殿，梗莽邱垄，不足为其怨恨悲愁也；鲸吸鳌掷，牛鬼蛇神，不足为其虚荒诞幻也；盖骚之苗裔，理虽不及，辞或过之。……

晚唐与杜牧齐名的李商隐读过李贺的诗也唏嘘不已，奋笔写下了《李贺小传》，在文中借李贺姐姐之口，说李贺临死时，天帝派绯衣使者召其到天上白玉楼作记文，又传其母亲一天晚上梦见儿子，李贺说他正为天帝作白瑶宫记文。李商隐对此深信不疑，如果这样一个天才不被天庭招去而是在人间凄凉早逝，恐怕是诗人难以面对的，他在文末感叹道："噫！又岂世所谓才而奇者，不独地上少，即天上亦不多耶？"

第十三章

元和十二年

李愬入蔡州

第一节　李愬用计

元和十二年（817 年）正月，李愬抵达西线唐州。从严绶、高霞寓到袁滋，西线进展一直不太顺利，最后竟然导致西线无战事，反而是北线的李光颜、乌重胤、韩公武屡次重创叛军，牵制了大量叛军。其实，相比于北线，西线距离淮西治所蔡州更近，更应该取得战果才对，李愬想要改变这种被动局面。

没想到，西线部队在战败丧师的情绪下，士气普遍低落，且畏惧作战，有鉴于此，李愬对属下说："天子知道我没带过兵，性情怯懦，能承受羞辱，才派我来慰问安抚，至于战场拼杀的事，不是我能考虑的。"大家相信他说的话，军心逐渐安定下来。

作为文官，李愬的慰问安抚工作确实做得很好。他亲自到各个地方亲近士卒，与战士聊天，照顾那些伤兵。属下劝他这样下去军令就不能执行，他说："叛军听到我上任，一定会增强戒备，我故意不整治军队，他们会认为我和袁滋一样懦弱，才会懈怠，那样我才有机会施展谋略。"果然，淮西悍兵因此对一向默默无闻且官职较低的李愬很是轻视，不加防范。

李愬之前虽然没能到前线，但他一直关注着这场战争的进展，他知道如此僵持的结果对朝廷只能越来越不利，罢战的呼声只会越来越高。他内心有个大胆的计划一直没有说出来，那就是直捣黄龙——奇袭蔡州！这个计策韩愈也想到了，只是还没来得及实施，李愬的奏折就送到了朝廷，他上疏要求派兵增援，宪宗当即命昭义、河中、鄜坊三镇各派2000人到唐州助战。

这年二月七日，李愬的手下在边界巡逻时跟淮西捉生虞侯丁士良遭遇，唐军发动攻击，将他俘获。丁士良是吴元济手下一名骁将，多次在唐随邓地区掳掠烧杀，唐军对他恨意难消，纷纷要求杀了他，李愬同意了。行刑之前他审问丁士良，丁却毫不畏死，面不改色。李愬改了主意，想要招降他为己所用，于是下令松绑，对他动之以情晓之以理。丁士良本不是蔡州人，十几年前跟淮西作战时被俘虏，自以为必死，却不想被吴家人释放，并且得到重用，自此他甘心为淮西吴家父子卖命。而今他再次遇到相同的情形，自以为必死，却被李愬释放，他表示从此愿意用生命回报李愬，李愬于是发给他军服和武器，让他当了自己的捉生将（搜索官）。

丁士良的投降是推倒吴元济的第一张多米诺骨牌，李愬刑场临时的决定让他的奇袭蔡州计划加快了步伐。

与此同时，北线李光颜、乌重胤继续着小胜，艰难地向前推进着，而小胜终会累积成大胜。

丁士良献计给李愬，要他拿下位置十分关键的文城栅，文城栅的守将是被称为吴元济左膀的骁将吴秀琳，他率领手下三千人马，前不久刚使高霞寓全军覆没。丁士良的计策是拿下吴秀琳的智囊陈光洽，吴秀琳自会投降。陈光洽自恃骁勇，喜欢亲自出战，丁士良表示愿意亲自活捉陈光洽。二月十八日，一番苦战之后，丁士良果然生擒陈光洽而归。释放俘虏的情景再次上演，陈光洽感动之余，表示愿意招降吴秀琳。三月初五，李愬由唐州移兵屯驻宜阳栅（今河南桐柏县西），终于将西线的防线向前推进了一步。

淮西北线、东线和西线都有所交代，南线却很少提及，因为南线有雄伟的大别山阻隔着鄂岳道的军队。元和十年，战争刚开始的时候，鄂岳道观察使柳公绰和都知兵马使李听"战每克捷"，之后却在镇无功，很少取胜。这年二月，鄂岳道观察使李道古率军从穆陵关（今河南新县南）出发，一路八战八胜，攻打到申州（今河南信阳），拿下了外城，进击子城，却被退守子城的淮西叛军乘夜反攻，李道古的部队没有防备，惊乱溃散，死伤惨重，南线失利，又陷入在镇无功的尴尬。

这时淮西被朝廷围攻已有两年多时间，粮仓的粮食都拿出来供军队打仗，百姓将池塘的菱角和鱼鳖鸟兽都吃光了，只好成群结队投奔中央军队，先后有 5000 余户。叛军觉得留他们也是浪费粮食，所以没有禁止他们奔逃。二月底，李愬设置难民营安置这些人，并委任官员管理，派兵保护。

宪宗曾经对李绛说过，他的内库积攒钱财、接受进奉羡余，不是为了自己享乐，而是为了国家平藩事业，事实证明，宪宗的确是这样做的。淮西和成德两处用兵讨叛，费用开支很大，国库屡屡告急，宪宗多次拿出内库钱财供应前线军队。元和十年，拿出内库缯绢55万匹供淮西行营诸军；十一年，拿出内库50万贯钱供军用；十二年二月，拿出内库绢布65万段、匹，银5000两，以供应军需；这一年九月，又拿出内库罗绮、犀玉、金带之类交给度支让其估价供应前线。之后讨伐李师道，也取用了很多内库钱物，说明宪宗的确不是个贪图享乐的帝王。

元和十二年二月，淮西战场有所推进，淄青李师道和成德王承宗开始着急了，为了继续对朝廷施压，他们买通了蒲城、潼关等地一些官员，派人折断了唐帝陵庙前的门戟，焚烧了长安积存的刍草，用流箭将恐吓信射入京城，制造混乱。宪宗命令京城居民五家相保，搜查贼党，以防备叛军在长安发动更大规模的破坏。

再说说河北战场的情况。三月初，昭义节度使郗士美在柏乡（今河北柏乡县）被成德军队打败，战死1000余人，只好撤出了成德。三月十八日，成德王承宗派军两万人，进入横海的东光（河北东光县），切断了白桥头，横海节度使程权交战失利，只好返回本部沧州，又有两支军队退出了。

至此，六镇军队作战近两年，仍没有什么战果，而朝廷千里转运粮草，民间的牛和驴都死了一半，仅朝廷供给卢龙一支军队的钱财每月就得15万贯。宰相李逢吉等人屡次建议成德罢战，集中力量解决淮西。宪宗纵有万般不甘，也知道这样下去不是办法，犹豫了很久，还是下诏停止了对成德的讨伐行动。

再回到淮西战场来。在丁士良和陈光洽的招降下，吴秀琳同意献出文城栅投降。三月二十八日，李愬率军抵达文城栅西5里，派唐州刺史李进诚率8000人到文城栅接受投降。结果迎接他的是城上的利箭和滚石，李进诚赶忙汇报说对方诈降，李愬说："这是在等我亲自前去。"于是不顾反对亲自前往，到了城下，吴秀琳立即命士兵交出武器，自己出城下马行礼，李愬扶起他，为他拂去尘土，加以慰问安抚。当下接收了降军3000人。吴秀琳部将李宪，和李愬兄弟同名，是一员猛将，李愬为他改名为"忠义"，继续让二人统军，表示了极大的信任。这一下，唐随邓的唐军开始重新振作起来，有了作战的勇气。

而在李愬招降吴秀琳的前一日，北线的忠武、魏博、宣武、河东、河阳五个军团特遣部队强渡溵水，进逼郾城。李光颜在郾城击败淮西叛军 3 万人，毙敌八九千人，俘获战马千匹、兵器甲胄 3 万余套，取得了开战以来最大的胜利——郾城大捷。

当初，吴元济任命蔡州人董昌龄当郾城县令时，像以往那样，留下他的母亲做人质。母亲对董昌龄说："归顺中央而死，也强过跟着叛逆而活。你离开叛贼而我被杀，你也是孝子；你若跟随叛逆而我活着，还不如杀了我。"董昌龄含泪泣别母亲赴任。

这时，中央军切断了郾城到蔡州的道路，守将邓怀金与董昌龄商量对策，董昌龄劝他回归朝廷。于是邓怀金和董昌龄向李光颜投降，但却提出一个要求："守城官兵的家人都在蔡州为人质，你攻城时，我们燃起烽火求救，等援兵赶到，你迎头消灭援军，然后我们再投降，这样，官兵的家人应该可以免掉一死。"李光颜当然接受了，郾城官兵的家人，包括董昌龄的母亲，都因此而活了下来。

李光颜入郾城后，吴元济大为恐惧，他动员大量军队包括蔡州城的守军去增援守卫洄曲（河南漯河河湾）的董重质，以抗拒从郾城南下的中央军。董重质是吴少诚的女婿，勇敢强悍，善于用兵，是吴元济的军师、淮西的二把手，率领大军阻挡中央军两年多，计谋多出自于他。他率领的强大骡军给中央军造成了很大的困扰，两军开始相持对峙。正因为北线牵制了大量叛军，给西线带来了更多的突破机会。

李愬也快速地攻城略地，他派手下大将（包括降将）兵分八路展开进攻。众将争先奋勇，都完成了作战计划，攻克了多个营栅和山头，向前推进到了蔡州周边。对俘虏的叛军官兵，李愬都亲自询问，因此对淮西的地形和防守虚实全都了如指掌。他最器重的降将是吴秀琳，跟他商量攻打蔡州的策略，吴秀琳却表示自己远不如另一位淮西将领李祐，说要拿下蔡州非收服李祐不可。而这个李祐可不是那么好收服的，他驻防在兴桥栅，勇敢多谋，多次侵凌过中央军。

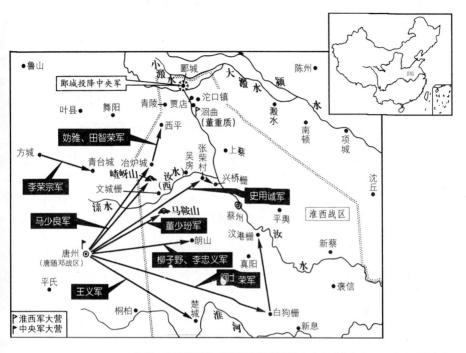

李愬、李光颜军淮西战场推进形势图（选自《柏杨白话版资治通鉴》）

　　五月二十一日，李愬探知李祐率兵前往兴桥栅西边的
张柴村收割小麦做军粮，于是让手下史用诚率三百骑兵埋
伏在张柴村树林中。史用诚派人装作要纵火焚烧麦堆，李
祐一向轻视中央军，于是轻率地纵马追击，结果被伏兵活
捉。因李祐杀了太多官军，将士们争着要求处死他，李愬
不答应，解开绳索，以宾客之礼相待，李祐于是投降。

　　李愬与李祐二人相见恨晚，惺惺相惜。李愬奇袭蔡州
的秘密计划只与李祐和李忠义两位降将讨论，甚至连左右
侍从都摒除了，三人时常讨论到深夜。将领们不放心李祐，

纷纷劝李愬不要信任他，并指称李祐是假降，实则是叛军在讨伐军中的内应，说这是被俘的淮西密探说的，一时间军心不稳。

李愬并不怀疑李祐，但他担心流言传到了朝廷就会很被动，他抱着李祐哭泣道："难道上天不让我们荡平吴贼？为何我们如此坦荡，还挡不住众人汹汹之口？"李祐也泪流满面，感叹时不我与。

李愬当即向宪宗呈递一封秘密奏章，说若诛杀了李祐，前线战事就难以成功。而后他对将领们说："既然大家怀疑他，我就把他交给皇帝审讯。"于是给李祐带上枷锁，派人押解到京师长安。

宪宗坚持疑人不用、用人不疑，很尊重前线李愬的建议，下诏释放了李祐，并将他送回到李愬大营。李愬看见李祐归来，大喜，于是光明正大地任命他为唐随邓三千精锐卫队的六院兵马使，可以自由出入自己的帐篷，有一次有人深夜在李愬的帐篷外听到了李祐感动抽泣的声音。

李愬还废除了藏匿间谍者满门抄斩的旧法，他重视且优待被捕的敌方间谍，使得间谍反愿意为李愬所用，尽吐淮西虚实。

五月底，李愬派军攻打朗山，淮西增援，打败了唐军，将领们为此而懊恼，李愬却高兴地说："这正是我的计划。"将领们不知道内情，摸不着头脑。其实李愬想让叛军认为自己下一步的目标是战略要地朗山，淮西方面也正是这么想的。李愬招募敢死队3000人，早晚亲自训练，使他们时刻保持战斗状态。

可是天公不作美，江淮进入了雨季，到处积满了水，难以发动任何攻势。一直到七月，大水成灾，有些地方平地水深都有两丈。在大自然面前，再强大的军队都显得无比弱小。

在这两个月内，连硝烟都被大雨冲刷掉了，交战双方都没有发动过一次战斗，就这样僵持着。而朝廷和蔡州的中枢，都开始反思这场战争是否应该结束了。

先是蔡州吴元济，他面对属下的不断叛离，明白形势对自己越来越不利，开始感到恐慌。滂沱夜雨中，他开始考虑自己的前途：自己不过25岁，没有带过兵，没有立过功，纵然继承了三州之地，也顽抗了朝廷三年，但自己以三州之力抵抗朝廷，还能坚持多久呢？恐怕入朝自首，还是会得到宽恕吧？

于是在六月，吴元济上疏宪宗，请求恕罪，表示愿意入朝自首。宪宗当然高兴，派遣宦官带着诏书前往，承诺绝不处死。如果这是这场战事的结局，恐怕也是善莫大焉的好事，可以少死多少无辜的人啊。谁知，诏书还未到达蔡州，吴元济却被左右侍从和大将董重质所牵制，不能坚持主见。侍从和董重质认为淮西精锐仍在，仍可抵挡中央军，而朝廷已经财力不支，迟早会退兵罢战，到时淮西自然和成德一样岿然不动。他们还命令军队阻止钦差宦官进入淮西，一次大好的和解机会就此错过了。

第二节　裴度出征

再看看朝廷这边。大明宫内，这两个月也是争论不止。讨伐淮西三年来，仅占领了数县而已，而军粮运输已成极大的负担，官民皆疲惫不堪，农夫无牛可以耕地，只好用驴子来代替。宪宗对此也很忧虑，召见宰相们询问意见，李逢吉、王涯等人一致认为大军出征已久，朝廷财源不继，请求停止讨伐。再想想被贬的原宰相张弘靖、韦贯之，可见在朝廷中，罢战的呼声占据了主流。这时的翰林学士如令狐楚等人也是罢战派，就如同当年的翰林学士李绛、白居易请求成德罢战一样。

裴度一直没有说话，他内心感到凄凉，想当初，鹰派宰相一个接一个，杜黄裳、李吉甫、武元衡，他们甚至曾经同时在朝，对于割据叛军，从来不曾手软。而今鹰派凋零，宰相中除了自己，已没有人支持继续讨伐了，而自己能依靠的，恐怕只有皇帝的意志了，而宪宗皇帝到底是怎么想的呢？这时，他抬头看到宪宗用期望的眼神望着自己，并且问道："裴爱卿，在讨逆一事上，你参与最多，你怎么看而今的情势呢？"裴度心中一热，向前一步答道："臣愿意到前线亲自督战！"

七月二十八日，宪宗问裴度："你真能为我走一趟吗？"裴度说："臣发誓和吴元济不共戴天。臣考察吴元济最近所上的奏章，发现他已经众叛亲离，但因官军诸将不能同心合力，所以至今未降。如果臣亲自督战前线，诸将担心臣抢占他们的功劳，一定会争先杀敌！"宪宗听后大为高兴。

第二天，宪宗任命裴度为淮西节度使、淮西宣慰招讨处置使，遥兼宰相。因韩弘已为讨伐军都统，裴度为了顾全大局，于是请求去掉"招讨使"，只称宣慰处置使，但实际上仍统率所有讨伐军队。他请派刑部侍郎马总为宣慰副使，太子右庶子韩愈为淮西行军司马（作战参谋长），其他如判官、掌书记也都是朝廷精英，宪宗全部予以批准。裴度出发前报告宪宗说："只要叛贼一日未灭，臣永不回京。"宪宗为之感动落泪，亲登长安城东的通化门为裴度等人送行。

宪宗为了稳固后方，不让罢战派形成气候，任命崔群为宰相，同时免除令狐楚翰林学士职务。稍后宪宗还将反战宰相李逢吉调走当东川节度使，将淮南节度使李鄘调回来当宰相。

进入八月，大水渐渐退去，战事又开始了。裴度刚启程，李光颜就对乌重胤说："裴相来后会抢了我们的功劳，在这之前我们应该取得决定性的胜利。"于是二将主动出击,却在贾店(今河南漯河南)遭遇战败。当裴度经过襄城(今河南襄城县)南白草原时,淮西叛军700人在中途截击,幸亏襄城镇将曹华事先得到了情报,才奋力将叛军击退,否则,裴度、韩愈等人就成了"出师未捷身先死"。

八月二十七日,裴度一行抵达郾城前线。第一件事就是上疏请撤回各监军宦官,使前线将领能够专心作战,为国立功。宪宗于是下令撤走了宦官,军心为之一振。因为以前监军宦官屡屡干涉将领的指挥权,遇到胜利则飞马上报,功劳自己占大头;失败后则掩败不报,辱骂将领,导致将士们不愿出力奋战。

九月二十八日,李愬准备进攻吴房(今河南遂平县),手下认为此日为"往亡日"(大凶),不宜出兵,他说:"我们兵少,无法大规模会战,只能出其不意,往亡日对方不会戒备,正好出击!"于是率军攻克了吴房外城,杀敌1000余人,叛军退进子城固守不出。李愬假装撤退,诱敌来攻,敌军将领孙献忠率五百精锐骑兵猛攻,来势凶猛,中央军即将败逃,李愬下马坐到指挥椅上,下令

249

敢退一步者斩首！部众于是反身奋击，斩杀孙献忠，叛军乃退。有人建议乘势拿下子城，李愬说这不在他计划之中，于是率军回营。

李祐建言说："淮西精兵都驻扎在北线洄曲，或者分布于四面的边界上，蔡州留下的守军大多是老弱残兵，时机已到，我们应该尽快直接攻袭蔡州城，中心开花，等到各地叛军反应过来，吴元济都被俘虏了。"李愬同意了，十月八日，派掌书记郑澥前去郾城秘密报告给裴度，裴度很高兴，说："淮西战局，非出奇兵不可，这是一个精彩的计划。"裴度让郑澥带话给李愬，自己会在北线牵制敌军主力，让他不必事事请示汇报，放心去干，他绝对支持李将军。

几日后，裴度率百官到沱口（今河南漯河东南）视察筑城情况，也给现场官兵打气。不料淮西董重质率骑兵拦腰截击，手下控弦射箭，他手持钢刀，直奔裴度而来。眼看要冲到裴度面前，李光颜和田布（田弘正之子）拼命保护，且战且退，终于保护裴度逃进了城门。敌军退走，裴度命令田布还击，田布率军设伏在敌人归途上的壕沟中，毙敌1000余人。之后，裴度继续派兵与董重质展开拉锯战。

第三节　奇袭蔡州

有了裴度的大力支持，李愬精神抖擞，立即开始了奇袭蔡州的军事部署。

元和十二年十月十五日，李愬命随州刺史、马步都虞侯史旻坐镇指挥部指挥文城栅防守，命李祐和李忠义率领突击队3000人为先锋，自己率3000人为中军，命唐州刺史李进诚率3000人做后军压阵。

这天下着大雪，冒着严寒，大军悄悄出动，除了李愬、李祐和李忠义，没人知道这次战争的目标所在，对于大家心中的疑问，李愬的回答是："不要问，往东疾行！"

雪中疾行了60里地，黄昏的时候到达了张柴村，就是之前活捉李祐的地方，这个村注定因这场战役而留下大名。"柴"读作"寨"，今天汝南县还有张寨村。既为"寨"，必有守军，李愬军杀掉敌人和烽火台上的守卫，占据了营寨。寒冷的雪天体力消耗很快，李愬命令士兵稍作休息，吃点干粮，喂喂战马，整理马辔和缰绳。然后留义成兵 500 人驻防，破坏洄曲与蔡州之间的道路、桥梁，防止董重质回军增援蔡州。

大雪之夜，李愬率军出张柴村栅门，将领们这次忍不住要问目的地，李愬镇定地说："目标蔡州，生擒吴元济！"将领们脸色大变，有随军宦官哭着说："完了完了，我们中了李祐的奸计了！"但军令如山，众将只得率部向东南疾进。

边塞诗人岑参有诗："北风卷地白草折，胡天八月即飞雪。……将军角弓不得控，都护铁衣冷难着。瀚海阑干百丈冰，愁云惨淡万里凝。纷纷暮雪下辕门，风掣红旗冻不翻。"描述的是西域大雪天的情形。谁想到在元和十二年（817 年）十月的河南中原之地，竟也有这样的情景，甚至比西域还要严重。史书记载，当时，狂风暴雪大作，军旗都被吹破了，士卒和战马一个接一个地被冻死。天空也非常阴暗，浓云如墨一样黑。那九千士兵虽不至于愁云惨淡万里凝，但内心一定也很担忧，要知道，自张柴村以东就是淮西腹地，道路很陌生，因为中央军从来没到过这里。人心畏惧，自认为今晚要么会被冻死，要么会战死在蔡州，可是因为害怕李愬，大家不敢有所违抗。午夜时分，风雪更大了，又经过70里艰难的强行军，西线这支中央军终于抵达蔡州附近，李愬派人驱赶旁边池塘中的鹅鸭来掩护军队行进的声音。

自吴少诚抗拒朝廷算起，中央军不到蔡州城下已经32年了，如果从最早的李忠臣和李希烈割据算起，那么就已经56年了。平叛安史之乱的大功臣颜真卿，76岁时还勇敢地来到蔡州城劝谕叛军，33年前在这里被缢死，大仇未报啊。李愬及9000名官兵冒雪来到蔡州城下，已经创造了历史。

十月十六日凌晨四更天，李愬军到达蔡州城下，城里还没人知道。李祐、李忠义用斧头在城墙上砍出穴坎，率先爬上城墙，战士们跟着爬了上去，看守城门的士兵在睡梦中尽被格杀，只留下打更人，他们照常敲梆报时。

李祐他们从里面打开蔡州城门，迎接主力部队进城，并用同样的手法进到了里城。风雪呼啸，城里无人觉察，仍在被窝中酣睡着。过不多时，公鸡开始啼叫，风雪渐渐停止，李愬军已经进入到了吴元济的外宅。吴元济的手下慌忙报告说："官军到了！"吴元济本来睡得正香，被叫醒后笑着说："肯定是俘虏惹是生非罢了，天亮后把他们全杀了。"又有人来报："蔡州城陷落了！"吴元济这才起床，仍徐徐地说："一定是守卫洄曲的子弟回来找我要冬装呢！"他走到院中，听见陌生的口音在发布号令："常侍（李愬官衔为散骑常侍）传话！"响应的有将近1万人，吴元济这才感到害怕，说："什么常侍？竟能够到这儿来！"于是率领亲信，登上内城抗拒官军，同时想找人突围出去，向驻守洄曲的董重质求救。

李愬当然知道吴元济唯一的希望就是董重质回来救他，董重质手中握有淮西最精锐的部队，阻挡着裴度和李光颜的大军。他于是带着厚礼到董家拜访，诚恳相待，请董重质的儿子带着自己写的劝降信，前去洄曲做父亲的工作。这一招果然有效，董重质知晓其中利害，立刻抛弃大军，单枪匹马回到蔡州，向李愬投降。自此，吴元济大势已去。

北线的李光颜探知董重质独自离开洄曲军营，只领了数十骑兵，飞马进入董军大营劝降。洄曲部队自董重质儿子告知蔡州陷落的消息，仍处于震惊之中，听说大帅去投降了，于是全体向李光颜投降。

李愬派李进诚攻打内城，砍毁内城的外门，占领了军械库，取出了兵器、铠甲发给自己的部队。十月十七日，李进诚再次攻打内城，火烧南门，蔡州百姓纷纷背来柴草帮助官军，官军密集射击城上的守军，城上满是箭头，如同刺猬。中午刚过，南门全毁，绝望的吴元济在城上请罪投降，李进诚用梯子将他接了下来。吴家割据淮西 32 年，多次战胜中央讨伐军，今天彻底失败，淮西终于回到了大唐的怀抱！

当时的诗人王建有一首七绝写的就是李愬奇袭蔡州的战事：

和雪翻营一夜行，神旗冻定马无声。

遥看火号连营赤，知是先锋已上城。

司马光《资治通鉴》中的《李愬雪夜入蔡州》一文，细节生动，叙事明快，不但入选语文教科书，也是军事教科书里的一个经典的奇袭作战范例，千百年来仍让人津津乐道。

战后，李愬的将领们问了他一大串问题："你先败于朗山，却不忧虑；再胜于吴房，却不继续进攻；冒着狂风暴

255

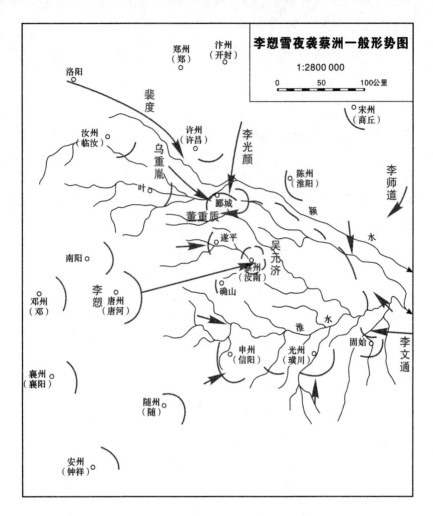

李愬雪夜袭蔡州一般形势图（选自《中国历代战争史地图册》）

雪不肯停止，孤军深入腹地而不畏惧，最后取得完胜。大家不知道其中的道理，先前属于军情机密不告诉我们，现在可以说了吧！"

256

李愬说："看得远就不计较眼前得失，小胜不必沾沾自喜，小败也不必沮丧忧虑。朗山之败，敌人轻视我们，就不会戒备。至于不进攻吴房内城，是怕残余军队逃回蔡州合力固守。选在大风雪天气进攻，是因为天气昏暗，能见度低，敌人告急的烽火就无法传递消息。至于孤军深入，将士只要拼死战斗，力量自然倍增。"大家听后佩服不已。

十月十八日，李愬用囚车将吴元济押解长安（后被朝廷斩首），并向裴度汇报了战况。当天，淮西申州（今河南信阳市）和光州（今河南潢川县）及各地的叛军两万多人相继投降中央军。

生擒吴元济后，李愬没有再杀一人，吴的下属甚至厨师、马夫都留守原来的岗位，淮西军民都感到安心。李愬没有骚扰蔡州地方，将军营扎在吴元济的球场上，等待裴度到来。

十月二十四日，裴度派宣慰副使马总先到蔡州安抚百姓。

第二天，淮西节度使裴度竖起淮西大旗，率领投降的董重质一万余淮西军队，自郾城南下到达蔡州。李愬全副武装拜于道旁迎接，裴度想避开如此隆重的军礼，李愬说："淮西人数十年来冥顽不灵，习惯割据自雄，不记得中央礼仪，不知道上下的本分，希望您这次检阅部队使他们知道中央的尊严。"裴度这才接受，检阅之后李愬率军返回文城栅待命。

裴度仍用淮西官兵当卫士，有人警告说："淮西不轨的人还很多，不可不防备。"裴度笑着说："我是淮西（彰义）节度使，元恶已擒，淮西人就是我的属民，有什么怀疑的呢？"蔡州人听后都感动得流泪。

裴度被朝廷召回时，在郾城碰到枢密使、宦官梁守谦。宪宗赐梁守谦两把尚方宝剑，令他前往蔡州诛杀吴元济的部将。裴度为避免引起淮西将士的不满，于是陪他一起再回蔡州，根据叛将罪行，分别予以从轻处罚，并没有按照诏书的规定来。为了给皇帝一个交代，裴度上疏详细说明了处理的过程和理由，之后才放心地踏上了归程。

以前，吴家父子防范百姓，用尽恐怖手段，禁止淮西人路上交谈，入夜后不得点灯，互相饮宴来往的一律处死。裴度到任后解除了这些规定，不论白天黑夜，畅行无阻，晚上再晚也可以聚会访友，淮西人终于享受到了做人的乐趣。大多数蔡州兵都不愿意再当兵了，而愿意归田为农，蔡州人甚至建裴晋公庙来感谢裴度。

宪宗也对淮西子民开恩，免除淮西全部州县两年的田赋捐税，免除淮西周边受害严重的陈、许、颍、唐等州的部分赋税。

淮西之战三年多来，中间多少波波折折，宪宗都没有动摇，坚定主张平叛，重用主战派宰相，终于取得了削藩以来最大的胜利，一时间震慑了所有的藩镇，之后削藩顺水顺风，再没有像淮西那样艰难。

现在是该论功行赏了，宪宗封裴度为晋国公，召他回中央再当宰相；封李愬为凉国公、山南东道节度使；加李光颜为检校司空，封武威郡开国公；加乌重胤为检校司空，封邠国公；任命淮西留后马总为淮西节度使，淮西行军司马韩愈回朝后升任刑部侍郎。其余如田弘正、韩弘、田布（田弘正之子）、韩公武（韩弘之子）、李道古、李文通等也都封官加爵。立功的降将也都加以重用，封李祐为禁军神武将军、知军务。

至于董重质——淮西反叛的重要策划人，曾阻挠吴元济入朝，又屡次击败中央军队，宪宗准备处死他，李愬上疏说之前招降时曾承诺饶他一命，于是宪宗贬他为春州（今广东阳春）司户。

第十四章

——元和十三年

讨伐李师道

第一节　震慑诸藩

在宪宗、武元衡、裴度等人的策划指挥下，在李愬、李光颜、乌重胤等人的奋勇攻击下，中央大军历时三年多讨平了飞扬跋扈、割据三四十年的淮西，一时间震慑了剩余的割据和半割据的藩镇。为了自己以及家族的命运，他们纷纷开始考虑之后的路应该怎么走，割据之路还能继续下去吗？

最先坐不住的是罪大恶极又左右摇摆的淄青李师道。

在朝廷讨伐吴元济的后期，李师道派属下刘晏平穿过汴宋，秘密赴蔡州和吴元济互通消息。刘晏平回到淄青镇治所郓州后，李师道问他对战况的看法，他说："吴元济将几万军队投到前线危险地带，自己却每天和妻妾家奴花天酒地，丝毫不关心前线局势，以我看来，他一定会败亡，而且不会太久。"李师道一向和淮西互为奥援，听到这些话不由得恼羞成怒，不久便找了个理由将刘晏平杀了。从这点看，李师道的性格和鸵鸟有些像，对于自己不愿意听到、看到的，他宁愿装作没有听到、看到。

当初李师道选择对抗朝廷时，判官高沐、李公度（谋立自己的两位功臣）和郭昈就多次劝阻他。判官李文会、孔目官林英是李师道的亲信，他们趁机排挤高沐，说他与中央有来往，于是李师道诛杀了高沐，囚禁了郭昈。凡是认为应该效忠朝廷的，全被视为同党囚禁起来。

吴元济被讨平后，李师道忧惧不已，李公度和牙将李英昙建议他送儿子到中央为质，并呈献土地，向中央赎罪，一定可以得到宽恕。李师道同意了，于是让人带着奏章到长安，请求以长子侍卫皇家，并呈献沂、海、密三州之地。

宪宗看到李师道请罪很有诚意，于是同意了，元和十三年（818年）正月二十一日，派遣左散骑常侍李逊前去郓州安抚、交接。

接下来是河北的横海节度使程权（程执恭），他的家族虽然忠于朝廷，但也行河朔故事继承到第四代，算起来也有33年了。他认为这样世袭跟河朔三镇没有分别，内心深深不安。

三月二十六日，程权派使节到长安，请求朝廷重新任命横海节度使，准许他的家族移居京城，从此不在横海世袭下去。宪宗对此当然欢迎。不想横海镇的将士习惯了自己做主、不受约束的传统，不准程家人离开，程权拿他们没办法。这时，掌书记林蕴站出来向大家解释其中的祸福利害，程权一家才得以离开横海来到京城，从此结束了横海镇世袭的历史。

接下来该轮到成德的王承宗了，这是一块难啃的硬骨头，元和年间河北三镇中唯一两次对抗中央的刺儿头。

元和十二年十一月裴度还在蔡州时，唐将柏良器之子柏耆向行军司马韩愈建议说："我愿携带宰相信件，前往成德游说王承宗，不用出兵即可使他归服朝廷！"柏耆的自信是有来由的，史书说他"素负志略，学纵横家流"，辩才相当厉害。韩愈于是报告给裴度，裴度同意，让韩愈代他写了一封劝谕信交给柏耆。柏耆纵横家雄辩的气势，加上韩愈大义凛然的文章和裴度威加海内的威望，使王承宗内心恐惧不已。他哀求魏博田弘正，说他愿意将两个儿子派去朝廷为质，并呈献德州和棣州，向中央纳税，接受中央任免官吏。这比当年中央对他的要求还多了"遣二子为质"这条，他总共就这两个儿子，可见王承宗真的感到害怕了，也相当有诚意。毕竟经过朝廷两次大规模讨伐，成德也损失惨重，快到了山穷水尽的地步。

田弘正上疏宪宗，将王承宗的请求转达，并恳请宪宗同意。宪宗对王承宗之恨难消，连续两次都没同意，第三次才看在田弘正的份上同意了。

元和十三年四月一日，田弘正派使节护送王承宗的两个儿子王知感、王知信和德、棣二州地图、印信等，前往京师。宪宗下诏撤销了王承宗和成德将士的罪状，恢复了他原来的官爵。

顺便说一下，两年后，王承宗忧惧而死，从此王氏割据成德的历史画上了句号。

河北三镇就剩下卢龙了。

当年宪宗第一次讨伐成德时，劝止田季安、鼓动刘济，使得河北三镇没有联合反叛的卢龙大将谭忠屡次警告卢龙节度使刘总说："自宪宗即位以来，刘辟、李锜、田季安、卢从史、吴元济，一个个自以为兵强马壮、根深蒂固，对抗朝廷，然而很快身死家灭，这是上天的意思啊。宪宗皇帝英明神武，励精图治，节衣缩食，供养战士，一定要平定所有割据藩镇，而今，成德已献出了三州十二个县，我为你感到忧虑啊！"刘总听后流泪向谭忠叩头，从此下定决心回归中央。

还有那个挟洋自重的宣武节度使韩弘，按理说其父子二人都是讨平吴元济的功臣，但他主政宣武镇以来，从不入朝，实同半割据。在淮西被平定后，他心怀忧惧，于是在下半年讨伐李师道的战役中，亲自领兵，格外卖力，还不忘给朝廷和宪宗进贡大量财物，并于第二年主动入朝，请求留在朝廷任职，算是平稳着陆了。

七月二十七日，宪宗为了削减节度使的大权，下诏停止诸镇节度使所兼的支度、营田二使，将节度使的财政权收归中央。

淮西胜利的重大意义从以上藩镇的畏惧保身足可窥豹一斑，这么重大的胜利怎会不立碑铭文来赞颂功德呢？那最适合写碑文的是谁呢？毫无悬念，宪宗命参与平叛的韩愈撰写碑文，这就是著名的《平淮西碑》一文，碑立于蔡州城门口，好让大家都可以看到。

　　碑文开头简述了大唐开国以来几位皇帝的功绩，也指出了藩镇割据的严重，再提及宪宗即位后先后平定和降服了五六个跋扈藩镇，之后叙述淮西吴元济烧杀侵略、祸国殃民。大臣都认为淮西割据五十年，"兵利卒顽""牢不可破"，而皇帝却力排众议，准备出兵剿灭。后文写皇帝如何调兵遣将，任命将帅，布置平叛。写平蔡过程的一段兹录于下：

　　颜、胤、武合攻其北，大战十六，得栅城县二十三，降人卒四万。道古攻其东南，八战，降万三千。再入申，破其外城。文通战其东，十馀遇，降万二千。愬入其西，得贼将，辄释不杀；用其策，战比有功。十二年八月，丞相度至师，都统弘责战益急，颜、胤、武合战益用命。元济尽并其众洄曲以备。十月壬申，愬用所得贼将，自文城，因天大雪，疾驰百二十里，用夜半到蔡，破其门，取元济以献，尽得其属人卒。辛巳，丞相度入蔡，以皇帝命赦其人，淮西平，大飨赉功；师还之日，因以其食赐蔡人。凡蔡卒三万五千，其不乐为兵愿归为农者十九，悉纵之。斩元济京师。

平心而论，韩愈《平淮西碑》对于裴度、李愬之功，评价是较为客观的。他作为行军司马，当然对作为统帅的裴度决策之功了解得更多，对战将李愬最后一年的指挥奇袭之功也有描述。却不承想，这通功德碑刻立后引起了一场风波。

因为碑文主要凸显了宪宗和裴度的圣君贤相之功，李愬的妻子是唐安公主的女儿，可以出入禁宫，她对宪宗诉说碑文不实，认为碑文突出了宰相裴度，说最大功臣应该是李愬。据说，李愬部将石孝忠也气愤韩愈在碑文中未详述李愬的功绩，将《平淮西碑》用长绳捆住拉倒了。宪宗于是叫人磨去了韩愈撰写的碑文，召翰林学士段文昌重新撰写《平淮西碑》一文，段碑着重描述圣君的英明专断，当然也加大了对李愬平蔡之功的描述。

重写《平淮西碑》之事发生在哪一年已不可考，应该是元和十四年春，那时，一是奸相皇甫镈构陷裴度，宪宗疑心裴度结党，罢他相位而出为河东节度使；二是韩愈因谏迎佛骨而触怒宪宗，差点丧命。

第二节　讨伐淄青

当宪宗派遣到淄青安抚的李逊还在路上的时候，患得患失的李师道又开始动摇了。他性格愚昧软弱，军政大事往往只同妻妾和家奴等五六人商议，大将和幕僚都很少能参与。他的妻子魏氏不愿意送儿子到中央为质，跟侍妾婢女一起对李师道说："我们平卢淄青拥有十二州之地，为何无缘无故呈献中央三州？我们大军十余万，就算朝廷出兵攻打，也不一定会打赢，打成德不就两次都退兵了吗？就算我们打不过，那时再呈献也不迟啊！"

李师道觉得有道理，心疼儿子和那三州土地，后悔自己听了李公度和李英昙的话向朝廷上了奏章，于是下令囚禁了李公度，绞死了李英昙。

这时，李逊抵达郓州，李师道出动大军迎接，想震慑住钦差大臣。李逊却丝毫不害怕，反而气势凌厉，严肃地对李师道分析吉凶祸福，要他履行自己提出的条件。李师道不敢有所动作，不敢公开翻脸，道歉说："将士们一再挽留我儿，我也动了父子之情，因此还没有动身，现在又劳烦钦差前来，岂敢再有想法？"李逊看出他的敷衍，回京后奏报宪宗，说李师道反复无常，免不了要出兵讨伐。不久，李师道果然上疏说淄青人民不同意他派人质及呈献三州。

宪宗大怒，对李师道已经恨之入骨。在讨伐吴元济时，李师道尽搞阴谋诡计，焚烧粮草仓库，暗杀宰相和大臣，毁坏先帝陵墓，阴谋血洗东都，又在淮西快败亡时宣称忠于朝廷。两面三刀，出尔反尔，比王承宗更加可恨。

五月十三日，宪宗开始调兵遣将，将淮西节度使马总调任忠武节度使，将淮西的蔡州划入忠武；将忠武节度使李光颜调任义成节度使，准备讨伐李师道。同时把淮西的申州划归鄂岳道，将光州划归淮南节度使辖区，从此淮西镇不复存在。命河阳节度使乌重胤将治所由汝州迁回河阳（今河南孟州），准备就近讨伐。同时任命河阳都知兵马使曹华为棣州刺史，他在河阳士兵保护下赴任，走到滴河时，淄青军队刚攻陷了滴河县城，曹华将他们击退，杀2000余人。这是对淄青的第一场胜仗，宪宗很高兴，擢升他为横海节度副使。

七月一日，调山南东道节度使李愬为武宁节度使（驻地徐州）。

七月三日，布局完成，宪宗下诏宣布李师道条条罪状，命宣武、魏博、义成、武宁、横海五镇共同讨伐，命宣歙观察使王遂当供军史，负责后勤。朝廷上，自然是宰相裴度主持讨伐行动。

很快，一心想平稳着陆的宣武镇韩弘亲自出征，一马当先，亲自率军攻打淄青，包围了曹州。

十一月，早已厉兵秣马就等黄河枯水季的魏博大军在田弘正亲自率领下渡过黄河，一举挺进到距离郓州40里的地方扎营筑垒，郓州的淄青叛军大为震动。魏博军和义成军将俘获的淄青将领47人押解到长安，宪宗却将其全部释放，说："朕要诛杀的，只是李师道一个人。其他人都是朕的子民，有父母在堂，想要回淄青的，发给路费，送他们回去吧！"淄青叛军听说后，投降的很多。

武宁节度使李愬请求宪宗将董重质派往武宁协助他作战，宪宗同意了。他手下有了董重质和淄青军的克星王智兴，得以继续着战场传奇，跟淄青叛军会战 11 次，每一次都取得大胜。元和十三年的最后一天，李愬军拿下了兖州重镇金乡（今山东金乡县）。金乡失守的大事，李师道至死都不知道，因为他一听到战事失利，就会唉声叹气、忧病卧床，所以侍从只好不给他报告战场的坏消息，怕他心脏承受不了。当然，战场也少有好消息报告给他。

为什么拥有十二州之地、十余万大军的富庶之地淄青，军队战斗力竟然不如只有三州之地、较为贫瘠的淮西？这就是前面说过的，在冷兵器时代，富庶文明的地方（如淄青）战斗力往往不如野蛮落后的地方（如淮西）。

淄青从李正己开始，父死子继一直很稳定，从来没有被部下打断过，加上又是孔孟之乡，汉人占了大多数，高句丽人都汉化了。他们重视发展农业和商业，经济富裕，文明程度也比较高，本土数十年间没有过战乱，因此军队的作战能力并不强。在地处河朔、征战多年的魏博、义成、横海军团面前，人数占优的淄青军团反而显得不堪一击。

第三节　鲜克有终

平定了淮西之后，仅存的几个割据藩镇纷纷上表归服，宪宗皇帝紧绷多年的神经终于可以放松了。没有人知道他在这几年的讨伐战争中所面对的巨大压力和所付出的满腔心血，没有他的英明决断，没有他的坚定支持，平藩之战走不到今天。

他牺牲自己的休息时间，和宰辅们讨论军事策略；他拿出自己内库的所有财物，充作军费，奖赏为国效命的将士。这，真不是一般的皇帝能做到的。而今，或许宪宗也应该好好享受一下生活的美好了吧，毕竟，皇帝的身体也不是铁打的。

元和十三年（818年）正月，宪宗命禁军六军修缮大明宫麟德殿，疏浚皇宫西北角的龙首池，在那里建一座承晖殿供天子休憩。禁军右龙武军统军张奉国、大将军李文悦觉得刚刚平息叛乱，国家需要休养生息，不宜大兴土木，于是晋见裴度，希望他能出面劝谏。

裴度在奏报国家大事时，顺便提及这件事，进行劝阻，没想到宪宗大为震怒，贬张奉国为鸿胪卿，贬李文悦为卫军将军。一系列修建工程继续。这事发生后，宪宗还给禁军左右六军辟仗使宦官颁发印信，允许他们干涉军政。

负责财政的判度支皇甫镈和盐铁转运使程异善于揣摩天子心思，于是不断地呈献"盈余"（与顺宗时撤销的"日进""月进"相似），加之程异战时在军费筹集上出过力，而皇甫镈更是用重金贿赂吐突承璀，因此深受宪宗的宠信。由俭入奢易啊，既然现在国家中兴，"重见天宝承平时"，为什么不能享受一下当皇帝的乐趣呢？从此，宪宗渐渐骄傲奢侈起来。"靡不有初，鲜克有终"，开始的时候都表现不错，却很少有人能善终。他所崇拜的先祖太宗是这样，玄宗更是如此，他也难以例外。

九月二十三日，宪宗任命皇甫镈和程异同时兼任宰相。

听到这个任命，官员和民间都惊讶不已，连贩夫走卒都对二人嗤之以鼻。

宰相裴度和崔群对此也是极力谏阻，裴度认为与这种人同为宰相是一种耻辱，请求辞职，但宪宗正倚仗他平定淄青，当然不准。

裴度再次上疏说："皇甫镈狡猾奸诈，天下尽知。他曾克扣淮西讨伐军的粮饷，引起官兵激愤，臣视察时百般解释才得以防止大军溃散作乱。与这种人同在相位，臣若不辞职，国人必认为臣不知羞耻；臣若不说话，国人必认为臣辜负陛下恩宠。陛下既不批准臣辞职，又不接受臣的建议，臣实在就像是烈火焚心。中兴大业已经完成了十之八九，陛下难道忍心自己一手破坏它吗？"而此时的宪宗听信皇甫镈的逸言，认为裴度有结党营私的嫌疑，不相信他对皇甫镈的指责。

当时，皇家内库交给总度支很多储存时间较长的旧绸缎，让其出售换作军费支援前线，结果皇甫镈以高价买下，然后转发给守边将士。因为绸缎存放时间太久，陈旧易裂，将士们无奈将之堆在一起焚烧。裴度知道后向宪宗提起这事，皇甫镈伸出脚说自己的靴子也是从内库中买的，却坚固耐穿，反说裴度说谎。宪宗再次站到了皇甫镈这边。

宪宗还恢复了顺宗时废除的"五坊"，供他娱乐。五坊使宦官杨朝汶无法无天，放高利贷勒索利息，逮捕市民，牵连甚广，竟然囚禁了将近1000人。御史中丞萧俛检举他，裴度和崔群也奏报宪宗要求严肃处理。宪宗说："我们应该讨论的是讨伐大事，这种小事朕自会处理。"裴度却说："战场之胜败才是小问题，五坊使的凶残横暴已经扰乱了京师的稳定，这才是大事！"

宪宗无言可对，满怀怒气地回到内宫，对杨朝汶说："因你之故，让朕无颜面对宰相！"于是令他自杀，并释放了被其关押的市民。

宪宗和唐朝大多数皇帝一样，喜爱求仙问药，渴望长生不老，贪腐官员李道古通过皇甫镈给他推荐了方士柳泌，说他能炼成长生丹药。

宪宗赐给柳泌道观让他炼丹，自然炼不出来，于是柳泌请求到天台山神仙居住的地方采灵芝，宪宗居然任命他为台州刺史。谏官接连上疏谏阻，说历史上从没有让方士当一州刺史的先例。宪宗说："如果能使朕长生不老，你们难道还怜惜一个州？"百官听闻，再不敢反对。

平淮西后，裴度威望极高，外国使者来长安都以能见到裴度为荣，见不到的也都打听他的仪容相貌，好回去吹嘘见过裴相。朝中、军中敬服裴度的人很多，这就形成了所谓的"功高震主"，或者说，相权对皇权产生了威胁。宪宗拉皇甫镈和程异当宰相，当然有制衡裴度和崔群的意思，可难以制衡的，永远是皇权而不是相权。敬服遵从裴度的官员不少，因此宪宗担心他结党营私，时不时会对宰相们说："做臣子的应该做好分内之事，为什么喜欢结党分派呢？这是朕非常痛恨的。"实际上是在敲打裴度。裴度回答说："人以群分，物以类聚，无论是君子或小人，志趣相投则必然结合，君子结合叫共识，小人结合才称结党。两者相似而实质不同，唯一的凭借是英明领袖的分辨能力！"

第十五章
——
元和十四年
平定淄青镇

第一节　谏迎佛骨

元和十四年（819年）春节前后，中央军在淄青前线不断推进，京师长安也因佛骨舍利的到来而气氛高涨。亲王公爵、世家大族乃至平民百姓、贩卒走夫都争先恐后瞻仰膜拜、顶礼布施，甚至有人倾家荡产地供养，有的穷人在胳膊上、头上点香火，烧伤自己作为奉献。佛骨在各大寺院轮流供奉，所到之处人头攒动，一片如火如荼的狂热气氛。

佛骨舍利是指佛祖释迦牟尼遗体焚烧之后结成的珠状的东西，佛教徒视舍利为佛陀法身，是佛教的圣物，得见舍利将带来无上的福报，因此愿意敬奉供养的人接踵摩肩、络绎不绝。

这枚珍贵的佛骨来自于凤翔（今属陕西扶风）的法门寺，至今依然存在。法门寺非常古老，据说始建于东汉明帝十一年（68年），正是佛教刚传入中国的时候，隋代之前一直叫阿育王寺。传说印度孔雀王朝的阿育王曾将84000枚舍利盛于宝函之中，派人送往亚洲各地，每处都要建造阿育王寺和宝塔供奉，相传中国建有5座，法门寺即为其中之一。1987年，法门寺地宫保存的佛指舍利与大批稀世珍宝重现人间，轰动中外，成为目前世界上仅存的一枚佛指舍利。

唐初改阿育王寺为法门寺，因有佛指舍利而备受尊崇，皇家自然也很重视，因此有皇家寺庙之说。

唐太宗贞观五年（631年），岐州刺史张德亮奏请开启法门寺地宫，供养真身舍利，并提出了地宫30年一开则岁丰人和的说法。唐太宗准奏，张德亮打开地宫，取出佛指舍利供养，场面极其宏大。之后的唐高宗和武则天也分别恭请舍利到长安和洛阳供养，盛况空前，武则天时更是长达3年才将舍利送回地宫。

安史之乱后，大唐国力被严重削弱，皇帝向佛祖请求保佑大唐岁丰人和、国泰民安的愿望更加迫切了。唐肃宗和唐德宗都迎接过佛骨舍利。而元和十四年距德宗上一次迎接佛骨舍利正好 30 年了。元和十三年十二月宪宗就派出了大批宦官和僧侣去法门寺

法门寺出土汉白玉阿育王塔

地宫迎接佛骨舍利，回来时沿途的老百姓夹道围观，争相目睹佛骨舍利的真容。

迎回长安后，佛骨舍利先在皇宫内留驻 3 天，以供宪宗及皇家敬奉供养。之后在京城各大寺庙轮流供奉，一直到二月下旬才重新送回法门寺地宫。

自武则天之后的唐代皇帝大多都是虔诚的佛教徒和道教徒，上有所好，下必甚焉，民间崇佛好道的风气也非常浓厚。唐代帝王普遍具有较高的儒学文化素养，科举取士

也以儒家为主，可以说儒释道三家在竞争与磨合中渐渐走向了融合，但竞争乃至斗争也一直存在。

前面说过韩愈、柳宗元、刘禹锡等人探讨"天"的问题，还有其他一些形而上的问题，可以看作他们试图对儒家学说进行补充和完善的努力。这些正是儒家学说所欠缺的，儒家关注历史与现实，却"敬鬼神而远之""未知生，焉知死"，对彼岸和信仰、终极关怀等问题语焉不详，因此给佛教、道教等留下了广阔的精神领地，长安、洛阳等大城市佛寺、道观林立，僧侣、道士数量也非常大，给唐朝政府的赋税、征兵等方面都造成了严重困难。虽说三教合流，其实可想而知，儒家的地位是有所衰落的。你看毕生以弘儒为信念的韩愈，他笔下世风竟然以拜师学文为耻，可见儒家的传道授业解惑传统受到了多大的挑战。

宦官和僧侣迎接佛骨的队伍还在返回长安的路上时，被后人称为"文起八代之衰，而道济天下之溺"的韩愈就上疏给宪宗，进行了恳切的劝阻，这就是那篇有名的《谏迎佛骨表》。

韩愈先在文中说佛教是夷狄的信仰，从黄帝到夏商

284

周，没有佛教，帝王大多长寿，人民也都安乐。东汉明帝时佛教传入后，六七个朝代都混乱短寿，帝王长寿者也很少。他说供奉佛祖本是为了祈福，却反而得到灾祸，因此足以证明佛祖不值得相信。还说唐高祖李渊即位之初就下令禁止度人为僧尼以及建立寺庙，希望宪宗能够秉承开国先皇的规定。

他接下来用词毫不客气，批评崇佛者"焚顶烧指，百十为群，解衣散钱，自朝至暮，转相仿效，唯恐后时，老少奔波，弃其业次。若不即加禁遏，更历诸寺，必有断臂脔身以为供养者。伤风败俗，传笑四方，非细事也"。

最后他更是以儒家圣人的标准对佛祖及佛骨舍利进行了大力批判——

"佛本夷狄之人，与中国言语不通，衣服殊制；口不言先王之法言，身不服先王之法服；不知君臣之义、父子之情。……今无故取朽秽之物，亲临观之，巫祝不先，桃茢不用，群臣不言其非，御史不举其失，臣实耻之。乞以此骨付之有司，投诸水火，永绝根本，断天下之疑，绝后代之惑，使天下之人，知大圣人之所作为，出于寻常万万也，岂不盛哉！岂不快哉！佛如有灵，能作祸祟，凡有殃咎，宜加臣身，上天鉴临，臣不怨悔。无任感激恳悃之至，谨奉表以闻。臣某诚惶诚恐。"

韩愈此文可以说是数百年来儒佛之争的总爆发。如果说宪宗志在中兴大唐，则可以说韩愈志在中兴儒学。在他看来，从东汉至今八代以来都是儒学和古文的衰落期，而他发动古文运动也是为了更好地阐释、推广儒学思想，他所坚持的思想必然导致他是排佛道的。

可想而知，韩愈对佛教圣物的激烈抨击会让宪宗多么的震怒，他气呼呼地将奏章交给宰相们传阅，甚至准备将韩愈处死。这时，宰相裴度和崔群替韩愈求情，说韩愈"虽出狂言，内怀至忠"，建议宪宗宽恕他以鼓励忠臣敢于进言。宪宗怒气未消，说："韩愈说我供奉佛教太过分还可以容忍，他说东汉以后供奉佛教的皇帝都短命，怎么能说这种荒唐之言呢？韩愈作为人臣，竟然对朕如此狂妄，怎么能赦免呢？"于是下令将韩愈贬为潮州刺史。

潮州位于岭南，在当时是瘴疬之地，尚未完全开化。这一年韩愈51岁，刚因参与淮西平叛而达到人生的顶峰，却因《谏迎佛骨表》被贬到8000里外的潮州。时值寒冬，本来韩愈想一人上路赴任，却被告知罪人家属不可以继续留在京师，一家老小加上仆从都被迫上路，一路艰难险阻。走到长安东南的蓝关时，他回望长安，不禁悲从中来，写下了千古名篇《左迁至蓝关示侄孙湘》：

> 一封朝奏九重天，夕贬潮州路八千。
>
> 欲为圣明除弊事，肯将衰朽惜残年。
>
> 云横秦岭家何在？雪拥蓝关马不前。
>
> 知汝远来应有意，好收吾骨瘴江边。

走进蓝关，即进入了蓝商道，他的小女儿只有12岁，身体虚弱，一路上山路颠簸，冰天雪地，饥渴相随，最终病死在商南曾峰驿，只能草草掩埋于山中。诗人的心情无比凄凉，写有《祭女挐女文》，让人读来泪流满面。第二年回京师再次路过这里，他在女儿坟前哭泣，写有一首诗：

> 数条藤束木皮棺，草殡荒山白骨寒。
>
> 惊恐入心身已病，扶舁沿路众知难。
>
> 绕坟不暇号三匝，设祭惟闻饭一盘。
>
> 致汝无辜由我罪，百年惭痛泪阑干。

韩愈是个坚强的人，没有被这次贬谪打倒。他除了立言为文，政治才华也很出众。他被贬潮州共8个月，将偏僻落后、买卖人口、教育荒废的瘴疠之地、化外之地重新整治，驱除鳄鱼、兴修水利、赎放奴婢、兴办教育。潮州百姓感恩戴德，为他立韩文公祠，依山临水，祠后的山称为韩山，祠前的水叫作韩江，一方山水都姓了韩，可见百姓对他的感激和爱戴。

韩愈治潮之前200多年的科举考试，潮州地区总共才出了3名进士；韩愈治潮之后200余年的科举，潮州考中进士的达172人，他的教化之功可见一斑。韩公祠里有诗赞曰："文章随代起，烟瘴几时开。不有韩夫子，人心尚草莱。"

元和十四年，另一位文豪元稹心情也很痛苦。年初在崔群的帮助下，他由通州司马量移到距京畿较近的虢州（今河南灵宝市）任长史。长史与司马职务相当，都是刺史的幕僚而已，但毕竟离长安更近了。

令他欣喜的是，在赴任途中，与调任忠州刺史的挚友白居易、白行简在夷陵的长江中相遇，三人热泪盈眶，畅谈三日方别。

在虢州闲职上，比元稹大 20 多岁、对他有养育之恩的二哥元粔病故于他的官舍，令他无比哀伤。祸不单行，因元稹久谪偏僻之地，缺医少药，两个女儿元樊和降真身体一直不好，竟也在这一年先后夭亡。诗人有多首长诗哭送女儿，心碎而绝望。虢州 9 个月的生活因此而充满了痛苦的回忆，幸亏在年底崔群又帮助他回到了长安任职，结束了 10 年的贬谪生涯。

与此同时，久被贬谪的柳宗元、刘禹锡等人也在各自的贬所发愤图强，被当地人世代铭记。柳宗元稍后会写到。刘禹锡在被贬的连州登台讲学，重土爱民，开创了连州重文兴教的传统，两年后连州就出了史上第一个进士。而整个唐代，广东进士不过 38 名，连州就占了 12 名，都在刘禹锡被贬连州之后，真是"江山还需文人扶"。

元和年间的贬官可谓是历代贬官中文化素养最高、历史贡献最大的一批了。

第二节　刘悟倒戈

元和十四年（819年）一开始，讨伐淄青的各镇军队在李愬、韩弘、李听等人的率领下，攻城略地、连番获胜，势如破竹地向淄青治所郓州挺进。最大的胜利来自北线的魏博节度使田弘正，他率军在东阿（今山东阳谷县阿城镇）大败淄青军队，杀敌1万余人。

对此，李师道的做法是大量征调淄青民众，加高郓州城墙的高度，挖深护城河的河道，加紧建设守卫工程，甚至连女人都被拉去做工，引起了百姓不满。

关键时刻，李师道的猜忌坏了大事。

李师道派遣都知兵马使刘悟驻防阳谷，抵抗田弘正。刘悟待人宽厚，对士卒关心爱护，很得军心，士卒都称他"刘老爹"。这时，田弘正多次击败刘悟的军队，有人就在李师道跟前说刘悟不会带兵，只会收买人心，恐怕是想取而代之。李师道于是命令刘悟回郓州参加军事会议，想趁机杀掉他，但又有人劝他说刘悟并没有叛变，杀他会伤了将领的心。于是左右摇摆的李师道留了刘悟10天，还是放他回前线了，但留下他的儿子刘从谏当人质。

李师道后来又后悔错失机会。二月八日，他暗中派使节携带手令交给兵马副使张暹，让他杀掉刘悟，然后升他为正职。张暹一向与刘悟要好，拿着手令告诉了刘悟。刘悟怒不可遏，自问从来没有辜负过李家，李师道却听信奸人谗言想要杀他，于是召集将领做思想工作，准备倒戈，拥护中央，回军郓城捉拿李师道。凡是犹豫反对的，他都杀掉了，很快军心安定下来。

刘悟做事考虑得很周全，他暗中派人将自己的计划告诉田弘正，说："如果事成，当燃起烽火告捷；万一被阻城外，希望你率军援助，事成功劳归你，我不敢贪功。"为表诚意，他让田弘正派军进驻自己撤出的阳谷军营。

一切准备妥当，二月九日三更刘悟发兵回郓州，人尽衔枚，马皆勒口，悄无声息地到达郓州城下。

等到五更，天色微明，刘悟命令10个人传话给守卫：刘都头奉命回城！守卫欲报告李师道，这10个人挥剑就砍，守卫逃跑，大军一拥而入，鼓噪喧天。刘悟军进得子城，却被内城大门阻拦，于是命人纵火焚烧，大斧劈门，终于杀将进去，内城亲兵不过数百人，看到大势已去，纷纷扔掉兵器投降。

刘悟开始搜捕李师道，最后在床下找到了瑟瑟发抖的李师道和他的两个儿子。李师道还想求饶活命，儿子李宏芳还有些骨气，说："事已至此，不如速死！"刘悟斩杀父子3人以及怂恿李师道背叛朝廷的20多名官员，并迅速恢复了郓州城的社会秩序。他派人燃起烽火告知田弘正，并将李师道父子的人头送到田弘正大营。

田弘正火速将捷报和李师道父子的人头送到京师长安，宪宗和裴度等人兴奋不已，知道可以获胜，但没想到会这么快！十二州十余万军队的淄青，半年就完全平定了，看来淮西平定后，民气可用啊！从李正己开始割据淄青至今，已有55年了，如果从唐代宗李豫时算起来，黄河南北三十余州割据跋扈了60年之久，现在，在唐宪宗李纯的手中，这种屈辱的历史结束了！全国再次恢复了统一，元和中兴达到了最高点！

宪宗要彻底铲除淄青的割据势力，先是命户部侍郎杨於陵当淄青宣抚使赶赴郓州，同时让他研究如何合理分割平卢淄青。杨於陵根据地图档案和历史沿革、军事强弱、财力贫富等因素，建议将平卢淄清镇分割为两镇一道，宪宗批准了。

但问题来了，当初讨伐李师道时，宪宗的诏书上说："淄青部将有人诛杀李师道率全镇投降的，朝廷将李师道的官职和爵位等全部给他！"刘悟当然认为自己将是统领十二州的淄青节度使，现在朝廷却又三分淄青之地，他会怎么想怎么做呢？毕竟有60年的隔膜，朝廷也吃不准这些淄青战将们的真实想法。

宪宗准备调刘悟到其他镇担任节度使，但又担心刘悟拒绝，到时如果再起战端怎么办？于是他密令田弘正对此进行评估。田弘正于是到刘悟大营做客，声称亲善来往，实际上是就近观察刘悟。他细心观察了几天，认为刘悟还算是个忠心之人，于是告诉宪宗刘悟一定会听从调遣，不会反抗中央。

二月二十二日，宪宗正式任命刘悟为义成节度使，刘悟大为震惊，但第二天还是出发赴任了。

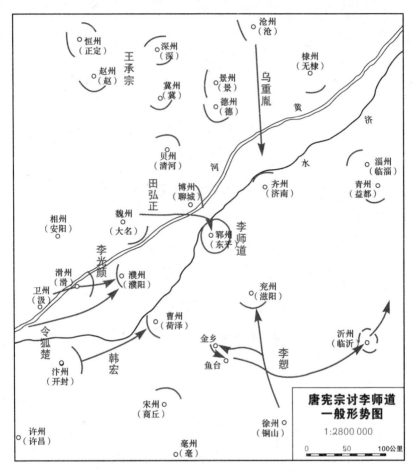

唐宪宗讨李师道一般形势图（选自《中国历代战争史地图册》）

　　功臣田弘正暂时坐镇郓州，他废除苛刻的禁忌，对淄青百姓宽大施恩，赢得了百姓的赞誉。他还搜查李师道的府邸，发现了档案里的一些秘密，比如对刺杀武元衡的杀手的赏赐，对潼关、蒲津关官兵的赏赐等，才明白当年制造恐怖混乱的幕后黑手原来正是李师道。之后，他派人押解刺死武元衡的凶手16人到长安伏法，终于替武元衡报了仇。

平定淄青后，立功的韩弘终于敢入朝参拜皇帝了，同时不忘献上大量战马和珍贵的贺礼，宪宗非常满意，准备让他回宣武。韩弘却再三请求留在长安，不愿再到藩镇，同时向朝廷表明自己忠心无二。

平定淄青最大的功臣田弘正，本年也入朝参见宪宗，成为60年来第一位入朝参拜的河朔三镇节度使。元和中兴，没有魏博的归来，没有田弘正的东征西讨，几乎难以完成。宪宗给予了田弘正极优厚的待遇和极大的信任。

另一位大功臣裴度的日子却有些难过，他都有些不认识曾经并肩战斗、一起力挽狂澜的宪宗皇帝了，为什么如此英明的皇帝，却就是看不穿皇甫镈这个奸相呢？其实正如崔群劝诫宪宗时所说的，开元盛世前期的宰相（姚崇、宋璟、韩休、张九龄等）都很正直有为，而后来玄宗却信任李林甫这个奸相，将国家带上了歧途。大唐衰落不是从天宝十四载（755年）安史之乱爆发开始的，而是从开元二十四年（736年）张九龄罢相、李林甫拜相开始的。

再英明的帝王也不可能英明一世，手握没有制衡的皇权，谁都愿意听好消息，都有被蒙蔽的一天。裴度知无不言、言无不尽，一如既往地勤勉政事，纠正谬误，可是宪宗却越来越听不进去了，反而认为他结党营私。

裴度想缓和这种关系，怕功高震主，他专门编纂了一本文册，记叙讨伐淮西和淄青的过程中宪宗忧虑勤劳、指示战局的敕令和言论。他利用宴会的轻松场合呈献给宪宗，请带回盖印后交付国史馆，宪宗却说："这样好像是我出的主意，我不愿意给人留下这样的印象。"

终于在这一年四月二十九日，宪宗命裴度遥兼宰相，充任河东节度使，让他离开了长安。从此皇甫镈搜刮财富供宪宗挥霍取乐，除了崔群还敢劝阻，几乎没人敢提出异议了。

当年平定淮西，宪宗大赦天下。如今平定淄青，全国统一，自然也要大赦。七月十三日，宪宗宣布大赦天下，文武百官向宪宗呈献尊号：元和圣文神武法天应道皇帝。

宰相程异于这一年去世，皇甫镈不久便推荐好友令狐楚做了宰相，所以他唯一忌惮的就只剩下崔群了，在呈献尊号一事上，他终于找到了最佳攻击点。上尊号时，皇甫铸提议加上"孝德"二字，崔群则认为有了"圣"字自然包含了"孝"在内，没有同意。皇甫铸于是对宪宗说："崔群不认为陛下应有'孝德'二字。"

在本书第一章中提到过唐顺宗"永贞内禅"是被迫的，是宦官、强藩和太子联合逼宫的结果，而且刚一登基，宪宗就迫不及待地贬斥并赐死了父皇倚重的权臣王叔文，这从儒家观点来看，当然不能算是符合"孝德"。宪宗对此也是内心有愧的，因此加倍孝敬母亲。

皇甫铸这个攻击极具杀伤力，直接击中了宪宗内心深处的伤疤。

恰好在这节骨眼上，皇甫铸因为不按时给边防军发放物资，且发的少量物资陈旧破败，引起军人怨愤，李光颜都无法阻止，京城谣传将要发生兵变了，导致人心不稳。崔群把这一情况报告给宪宗，皇甫铸对宪宗说："我给军队发放军需品一向遵照规定，人心不稳，全是因为崔群从中挑拨煽动。"

两"罪"并罚，十二月十一日，宪宗贬崔群为湖南道观察使。

第三节 反击陇右

淮西平定后，诸藩震服，争相入朝。宪宗将目光移到了西北被吐蕃占据 60 多年的陇右地区，并且积极备战。

元和四年（809 年）吐蕃请和，双方和解，但并未结盟，因为宪宗坚持让吐蕃至少归还陇右的乐、原、秦三州才能谈结盟，吐蕃没有同意。和解之后两国之间基本和平，但吐蕃军在宪宗用兵削藩之时还是会偶尔小规模掠边。

元和十三年（818 年）十月四日，一支吐蕃军掳掠宥州。十二日，驻守灵州的唐军在定远城向吐蕃军队发起进攻，击败了敌军两万人，杀敌两千，俘获对方节度副使、判官等。

十四日，平凉镇遏使郝玼也向吐蕃发起了进攻，击败敌军两万人，收复了原州，俘获大量羊、马。

几乎同时，夏州节度使田缙在灵武击败吐蕃军三千人，十一月一日，在夏州再次击败吐蕃五万军队。灵州唐军攻破了吐蕃罗城，西川节度使王播率军进攻，收复峨和、栖鸡等地。宪宗还扣留了吐蕃来使。

两个月之间的一系列唐蕃战争，除了第一次是吐蕃小规模的抄掠外，其余都是唐军主动发起的进攻，北起夏州、灵州，西起原州，南到西川，唐军在宪宗的命令下，发起了全线进攻，收复了部分年代久远的失地。

当时宪宗决意收复陇右故地，将名将李愬调任凤翔、陇右节度使，积极备战。可是后来李师道又开始叛乱，遂改任李愬为武宁节度使，开赴淄青讨伐，陇右之战便暂时停下来了。吐蕃在陇右也被打蒙了，一再"上言遣使修好"，宪宗为了东方平藩之战顺利进行，便也同意了。

元和十四年十月，经过近一年的准备，吐蕃节度使论三摩和宰相尚塔藏、中书令尚绮心儿等人共率领十五万大军前来复仇，包围了盐州（今陕西定边县），党项部落首领也出兵帮助吐蕃。大唐盐州刺史李文悦率军守城 27 日，战况激烈，但总算抵挡住了吐蕃大军的进攻。

朔方节度使杜叔良交给牙将史奉敬 2500 人，给他们 30 天的粮食，派其深入吐蕃领地去解盐州之围，结果 10

余天都没有消息，总部认为他们已经覆没了。不久，史奉敬率兵绕到吐蕃军背后，突然杀出，吐蕃军大吃一惊，连忙撤退，部队开始溃散。史奉敬和李文悦急追不舍，大破吐蕃军，杀伤无数。从此，吐蕃军听到史奉敬、李文悦、郝玼等猛将的名字就感到害怕。

可惜两个多月后宪宗去世，继任的穆宗没什么雄才大略，对收复失地也无能为力。他先将太和公主嫁到回纥，又和吐蕃"长庆会盟"，收复河湟失地大片领土也遥遥无期了。

宪宗的儿子唐宣宗也开创了所谓的"大中之治"，最大的功绩就是收复了河湟故地，而这纯属意外惊喜，唐军并未出动一兵一卒。大中二年（848年），沙州人张议潮趁吐蕃衰落，率众起义，成功驱逐吐蕃沙州守将，后二年又相继光复其他为吐蕃人强占的十余州，回归了大唐，自此，沦陷近百年的河湟地区终于全部收复。张议潮绝对算得上是民族英雄。宣宗捡了大便宜，也算告慰了父皇的在天之灵，他高兴地说："宪宗尝念河湟，业未就而殂落，今当述祖宗之烈。"

第四节 文星陨落

元和十四年最悲催的文豪不是韩愈，也不是元稹，而是柳宗元。

元和十年（815 年）柳宗元被贬为柳州刺史后，倍受打击，情绪低落，甚至没了在永州时的奋发。他知道自己不可能再回到长安，知道自己将会死在这里，诗文都充满了幽怨与苦闷。

当时的柳州环境恶劣，"桂岭瘴来云似墨""异服殊音不可亲"，柳宗元虽然苦闷，但没有放弃职责，而是积极施政，兴利除弊。他释放奴婢，发展生产，开办学校，以文化民，"柳侯为州，不鄙夷其民，动以礼法。三年，民各自矜奋"（韩愈《柳州罗池庙碑》），"柳州人知学自柳宗元始，柳子厚实开此邦之文教"（《柳州县志》）。

说起来，柳宗元在柳州还有个好领导——桂管观察使裴行立，就是元和二年镇海节度使李锜的外甥，曾反戈一击，立下大功。他为官不错，很欣赏柳宗元的才华，对他照顾有加。

元和十四年七月，宪宗接受尊号，大赦天下，之后裴度、崔群和吴武陵等人趁机请求召回柳宗元，宪宗同意了，可是诏书还未送达，十一月八日，柳宗元就因病去世于柳州，终年46岁。

柳宗元临终前写下遗嘱，让人将他的书稿交付给生死之交刘禹锡，"我不幸卒以谪死，以遗草累故人"。这年冬，刘禹锡母亲病重，柳宗元曾三次派人看望问候。刘母去世后，刘禹锡罢连州刺史北归丁忧，到衡阳的时候，他又想起在此地和柳宗元多次聚散作诗，最后一次都提到老了要归田为邻。这时柳宗元逝世的消息传来，他一时悲痛不已，放声大哭，哭毕即提笔写下了《祭柳员外文》，后来又写《重祭柳员外文》，寄托对挚友无尽的哀思。

因为要为母扶枢，刘禹锡不能离开，他即刻派人去柳州为好友料理后事，并含泪写信给韩愈，希望他能为共同的朋友撰写墓志铭。然后，他开始整理柳宗元的所有作品，使它们得以问世，告慰了好友在天之灵。

韩愈同样悲伤，他写下了著名的《祭柳子厚文》和

《柳子厚墓志铭》。三年后,柳州人为纪念柳宗元建了罗池庙,奉柳宗元为罗池之神,韩愈又写了《柳州罗池庙碑》一文。罗池庙后来改称柳侯祠,寄托了当地人对这位文豪的尊敬之情。

柳宗元为官清廉,死后无力治丧,全凭裴行立出资、柳宗元表弟卢尊料理。裴行立还派人一路护送柳宗元家属扶柩回到长安,将柳宗元葬于凤栖原(少陵原)先人祖茔。柳宗元的两个儿子和女儿分别由卢尊、刘禹锡、韩愈和崔群抚养或资助长大。

这一年,另一个姓柳的人倒是深得宪宗的信任,可是他却辜负了这种信任。

方士柳泌在台州刺史任上专事搜集药材炼丹,可是一年过去也没什么成绩,他怕宪宗责怪,带着全家逃入了深山中。柳泌被上司捉拿押送长安,皇甫镈和李道古出面担保,于是宪宗让他当翰林院待诏学士。这一年年末,宪宗因为连续服用柳泌呈献的丹药,一天比一天口渴、焦躁,这可是中毒的迹象啊。

第十六章 ｜ 元和十五年

天子突驾崩

第一节　暴毙疑云

大唐元和十五年（820 年）正月，宪宗因为服用长生丹药，性情暴躁易怒，侍奉的宦官经常受到惩罚，甚至被处死，人人畏惧，除了一直受宠的神策左军中尉吐突承璀。

吐突承璀经常去宪宗身边，屏退左右，和他商量机密。吐突承璀知道宪宗对柔弱的太子并不太满意，就一直想改立澧王李恽为太子，支持者还有宰相皇甫镈等朝官，这让太子李恒十分忧虑。万一病床上的宪宗一松口，同意了吐突承璀的请求，那自己的前途将会怎样？按照大唐血淋淋的先例，自己很可能性命不保。

太子秘密派人问舅父司农卿郭钊自己该如何处理，郭钊说："你不用担心，只管尽孝尽忠，谨慎小心，不用采取什么行动。"莫非郭家人已经做好了应急预案？前面说过，李恒的母亲是郭贵妃，一直没有被册封为皇后，为了儿子太子地位的稳固，她在朝野内外广交支持者，甚至包括宦官梁守谦、马进潭等人，暗中和吐突承璀等人抗衡。梁守谦在平定淮西中立过功，这几年受宠程度不亚于吐突承璀。

正月二十七日，一代英主唐宪宗暴毙于中和殿，年仅42岁。消息传来，人们都惊讶得张大了嘴巴，前几天义成节度使刘悟还入朝拜见过宪宗，还说龙体无恙啊。是不是有什么内幕呢？毕竟内宫是宦官的天下，种种邪恶的秘密，朝官和史官也并不完全清楚。

宦官对外公布的消息是宪宗服用丹药中毒而死，但当时很多宫人都说宪宗是被内常侍陈弘志、王守澄等人弑杀的。《旧唐书·皇甫镈传》记载："宪宗服柳泌药，日益烦躁，喜怒不常，内官惧非罪见戮，遂为弑逆。"《新唐书·王守澄传》也有所记载："王守澄与内常侍陈弘志弑帝于中和殿。"因此，雄才大略的中兴之主死于他所信赖的家奴——宦官之手，是可以肯定的。

紧接着，右神策军中尉梁守谦联合马进潭、王守澄、刘承偕、韦元素等宦官，共同拥立太子李恒，并立即派兵诛杀了左神策军中尉吐突承璀以及澧王李恽，这二位的反应还是慢了点。吐突承璀他们怎么也料不到右神策军这帮宦官竟然敢棋出险招——弑君！纵观吐突承璀的一生，毕生追随宪宗，对主子还是相当忠诚的，与宪宗同一天而死，也算是可以继续陪伴于地下了。

吐突承璀的手下仇士良等人侥幸逃过一劫，从此知道后宫你死我活的斗争有多么血腥残酷，韬光养晦 15 年后，东山再起，在文宗的支持下，杀了罪大恶极的王守澄与陈弘志。紧接着，文宗和权臣预谋除掉所有宦官，即甘露之变，失败后仇士良疯狂反扑，杀掉包括四名宰相在内的数千人，这是后话。

对于安史之乱后的弊端，宪宗大都予以纠正和革新，或者说，他虽然反对永贞党人，但还是延续并发展了永贞革新，而且走得更远更稳健，这些曾经的反对者刘禹锡、柳宗元等人都不得不承认。唯独对于宦官专权这一点，他并没有认识到危害性，反而屡屡维护宦官，针对朝官。他警惕朝官结党，却将宦官视为心腹，最终葬送了自己，也葬送了中兴的大好局面。

提起唐朝的皇帝，历史学家们提及最多的三位英主分别是唐太宗、唐玄宗和唐宪宗，宪宗做到了与他崇拜的祖先并肩而立，延续了大唐近百年的命脉。可是与太宗和玄宗相比，他算是英年早逝，当皇帝也不过 15 年时间。如果他能多活几年，或许能收复陇右、河西，并彻底解决河北三镇的问题吧？可惜历史不容假设。

祖父唐德宗死于永贞元年的正月，父亲唐顺宗死于元和元年的正月，唐宪宗死于元和十五年的正月，他的儿子唐穆宗四年后也死于正月，正月是喜庆之月，却也是其祖孙四代都走不出的月份。

仅仅五日后，太子李恒在太极殿登基，是为唐穆宗。太子宫的官员丁公著、薛放参与拥立有功，穆宗想任命他们为宰相，二人坚决辞让。登基第二天穆宗就停止去父皇的灵柩前哭祭了。

新官上任三把火。穆宗贬企图另立皇帝的宰相皇甫镈为崖州司户，大街小巷一片欢呼。他还下令将方士柳泌和大通和尚以"奸佞惑上"的罪名乱棍打死，将推荐二人的

310

李道古贬为循州（今广东惠州）司马，表面上算是为宪宗"服丹而死"报了仇。同时宣布赦免天下，尊称母亲郭贵妃为皇太后。

郭太后和穆宗在宪宗暴毙一事中有无参与，以及他们所扮演的角色，历来众说纷纭，多认为穆宗本人难逃干系。

从郭太后一生的表现来看，她忍辱负重，在穆宗死后严词拒绝宦官提出的垂帘听政的请求，郭家数十人也辞官而去，以维护郭家声誉，避免后宫干政，口碑也不错，似乎不会参与或同意宦官弑君。但唐宪宗郑妃幼小的儿子李忱却从宫中的传言中听到了一些说法，装疯卖傻躲过几任皇帝迫害，26 年后他登基称帝，即唐宣宗。裴庭裕《东观奏记》载："宪宗皇帝晏驾之夕，上（宣宗）虽幼，颇记其事，追恨光陵（穆宗陵名，代指穆宗）商臣之酷（商臣是春秋时人名，杀其父楚成王抢班夺位）。即位后，诛除恶党无漏网者。时郭太后无恙，以上（宣宗）英察孝果，且怀惭惧。时居兴庆宫，一日，与二侍儿同升勤政楼，依衡而望，便欲殒于楼下，欲成上过。左右急持之，即闻于上，上大怒。其夕，太后暴崩，上志也。"

裴庭裕是宣宗时的大臣，当然要为宣宗说话，宪宗被弑那一晚的真相究竟如何，我们只能猜想了。

第二节　穆宗游乐

唐穆宗李恒继位时 26 岁，比宪宗继位时还年轻两岁。宪宗幼年经历过泾原兵变，体验过战乱逃难之苦；而穆宗生于皇宫，长于宦官宫女之手，一生没经历过苦难，不曾体验过大挫折，性情软弱。

父皇去世刚一个来月，穆宗就脱下丧服，投入到了声色犬马的娱乐之中，观看各种杂耍、戏剧，好不快活。他大肆封赏亲信，毫无节制。

这一年五月将宪宗葬于景陵以后，穆宗游乐更加没有节制，游玩打猎，击球奏乐，时常大摆宴筵。七月六日他过生日，还亲自制定了一套热闹的庆祝仪式，被大臣谏止说自古以来还未有先例才算作罢。他在宫里大兴土木，修建了永安殿和宝庆殿，还用重金整修装饰京城内的五大寺院。监察御史杨虞卿、翰林侍书学士柳公权都曾诤谏，甚至连近臣丁公著都看不下去开始谏阻了，但都收效甚微。

九九重阳穆宗又准备大宴群臣，左拾遗李珏等人上疏劝阻，认为年号还没有更改，宪宗陵园仍然很新，穆宗应该遵守守丧三年的传统，不可以寻欢作乐。穆宗当然听不进去，在重阳节那天，照样在宣和殿大规模宴饮。

十月十三日，朝会上郑覃、崔郾等五人发扬了谏官诤谏的传统，启奏说："陛下自即位以来，宴乐狩猎无度。而今吐蕃大军入侵，如有紧急请示，都不知道陛下在哪里。陛下日夜与戏子杂耍一起，赏赐很多。那些都是百姓血汗，除非有功于国家，否则不可以随便赏赐，赏赐完了，万一遇到战争，难免又要横征暴敛，加重百姓负担。"穆宗听后大为惊讶，问宰相们这些人是谁，宰相们回答说是谏官，穆宗派人慰劳他们，表示会按照他们所说的去做，宰相们都很高兴。但实际上，他再次发扬了"虚心接受，坚决不改"的作风，依然我行我素。

这年十一月二十日，穆宗准备前往临潼骊山下的华清宫游玩。当年唐玄宗与杨贵妃游乐无度的华清宫，已成为安史之乱的生动注脚，乱后再没有一任皇帝去那里游玩。华清宫被认为是不祥之地，诗人们也写诗讽刺这种享乐带来的国家灾难。

当时吐蕃引兵犯境，梁守谦率神策军 4000 人及八镇兵赴援，形势相当紧张。于是宰相们率领门下省和中书省的全体官员前往延英门，前后三次进行谏阻，请求穆宗召见并取消此行，穆宗一概不理。谏官们跪在门前，从早晨到傍晚都没有消息，只好退回。

第二日拂晓，天还没亮，穆宗就带着公主、驸马、神策军左右中尉、六军使及禁军千余人从夹城到兴庆宫，与郭太后一行一起从兴庆宫出长安城。因为没有直接从大明宫出城，所以文武百官并不知情，他们畅游华清宫，到当天晚上才回宫。

难怪一代英主宪宗最后动了废黜太子的心思，作为父亲，他应该知道这个儿子的成色。宪宗君臣开创的元和中兴大好局面会毁在穆宗的手上吗？

第三节 元和余威

尽管唐宪宗在年初就暴毙了，但作为一个当政15年、开创了中兴局面的英明君主，他的影响力还在持续，宪宗朝的多数官员仍在岗位，对内对外的威慑力犹存。穆宗虽然游乐无度，但他有个好父亲，给他打下了一片广阔天地。

元和十四年吐蕃十五万大军在盐州大败后，一直在寻找机会复仇，在得知宪宗驾崩后卷土重来，攻击盐州，同时在西川攻击雅州（今四川雅安）。党项部落也贼心不死，引导吐蕃军队攻击泾州，军营连绵50余里，泾原镇告急，请求中央火速支援。穆宗派神策军中尉梁守谦率军4000人增援，并动员神策军八镇驻兵全军增援。

泾原名将郝玼不断主动出击，袭击吐蕃、党项大营，杀敌很多。邠宁节度使李光颜也派军增援泾州，南诏王国也派两万大军进入西川，请求共同讨伐吐蕃。吐蕃军一看大事不妙，惊惧退兵。

再看看国内。元和十五年十月成德节度使王承宗去世，因为他的两个儿子都在长安为质，成德军将于是指定王承宗的弟弟王承元继任。20岁的王承元并不愿意行河朔旧事，将领们向他叩头，他也下跪叩头，流着泪拒绝接受，但众将不允，监军宦官也劝他听从。他说："大家选择我让我很感动，但是我唯一的要求就是效忠中央朝廷，遵从祖父王武俊的遗志，大家是否同意？"众人表示愿意遵从，于是他暂代留后，却秘密给中央上疏要求朝廷另派统帅。

穆宗于是任命王承元为义成节度使，调魏博田弘正担任成德节度使，调武宁节度使李愬担任魏博节度使。这是一个很大胆的人事变动，也是自安史之乱后中央朝廷第一次更换河北三镇的节度使，其他先不说，单说将屡次与成德交战的田弘正调任为成德节度使，置于虎狼之师中，这真的合适么？

成德镇将领对此全体反对，坚决不肯接受，钦差柏耆百般沟通都无效，王承元将家产分于大家，并擢升几位有功将领，对他们说："李师道曾经被朝廷赦免，他准备入朝谢罪，被将领们坚决阻止，后来诛杀李师道的也是当初这些将领，希望大家不要将我逼成李师道！"他流泪叩头，准备到义成就任，还有十余名牙将仍继续坚持，王承元将他们斩首，军心才安定下来，他才得以出发。而成德也终于迎来了朝廷委任的节度使田弘正。王承元如此坚持不再割据而归顺朝廷，当然是因为宪宗平藩战绩余威犹存。

第二年年初，卢龙节度使刘总也上疏要求放弃所有官职，请中央将卢龙一分为三，以便于直接管理，杜绝河朔风气。穆宗调任他为天平节度使，将他的亲族和大将都予以升迁，调宣武节度使张弘靖为卢龙节度使。淮西和淄青被朝廷平定后，大将谭忠奉劝刘总放弃割据，效忠中央，他大为惊惧，为了自保，于是决定放弃一切。又因10年前弑父杀兄而精神恐惧，他弃官为僧，连天平节度使也不愿意做，这都是宪宗中兴大唐的余威所致啊。

因穆宗君臣处置失当，造成长庆元年卢龙节度使张弘靖被驱逐，成德节度使田弘正被王庭凑杀害，魏博节度使田布（李愬去世后接任）为父报仇却处处被手下掣肘，无奈自杀，自此河北三镇先后复叛，中央讨伐失败，但那已不属于元和故事了。

宪宗初立之时，面对西川刘辟兼领三川的无礼要求，宰相杜黄裳曾说："陛下如果要树立中央威信，就要用国法制裁这些藩镇，这样国家才能恢复正常。"之后君臣殚精竭虑，终于实现了"中外咸理，纪律再张""元和之政，闻于颂声"的唐室中兴。宪宗之后的穆宗、敬宗和文宗都比较软弱无能，宦官专权、朋党之争、南衙北司之争如火如荼，即便如此，除河北三镇之外的藩镇想要割据世袭之时，中央都毫不犹豫地出兵予以平定。至于唐武宗李炎，更是有一场小规模的"会昌中兴"，宪宗之子宣宗李忱也有十数年的"大中之治"。可以说，正是元和中兴树立的中央权威和制度，为后来40余年较为和平稳定的时期奠定了坚实的基础。而中央威信扫地、藩镇坐大如战国之世，则是880年黄巢攻破长安之后的事了，即便如此，唐朝还是撑到了公元907年。

对于元和中兴，史书多从削藩的巨大军事成就着笔，而忽视了元和期间辉煌的文化成就。元和的武力成就使得大唐国祚延续了近百年，确实值得书写，但元和的文化直接将文脉延续到了今天，更是值得大书特书，不是吗？我们每个人都经常在教材中或书店里与元和文人们相遇。

韩愈、柳宗元积极倡导和推动的古文运动，反对盛行了数百年之久的骈文，其"文道合一""言之有物""为文养气""陈言务去""文从字顺"等观点至今仍是为文的大道。北宋时期完成的诗文革新运动，正是唐代古文运动的继续和发展，那是另一个文化高峰，两次革新运动将"唐宋八大家"全部囊括，使散文又回到健康发展的轨道，对中国文化产生了极大的影响。

白居易、元稹倡导的新乐府运动关注人民疾苦，在当时就广泛流传，路边驿站题写着他们的诗歌，歌妓都以能背诵他们的作品而提高身价。他们追求通俗，但又为时代、百姓而歌，"文章合为时而著，歌诗合为事而作"的观点至今仍然被反复引用。有了1200年前的成功范例，那些高深莫测、艰涩难懂、不知所云的所谓诗歌可以休矣。一篇洋洋洒洒的《与元九书》可谓是诗歌创作和欣赏的经典教材。

韩愈、孟郊等人则独辟蹊径，不走寻常路，力求"陈言之务去"，反复推敲，用词新颖，主张"不平则鸣"，形成了一种奇崛硬险的风格，拓展了诗歌的艺术境界。

清代赵翼在《瓯北诗话》里就说："中唐诗以韩、孟、元、白为最，韩、孟尚奇警，务言人所不敢言；元、白尚坦易，务言人所共欲言。"

唐代李肇在《唐国史补》中说："元和已后，为文笔，则学奇诡于韩愈，学苦涩于樊宗师。歌行则学流荡于张籍。诗章则学矫激于孟郊，学浅切于白居易，学淫靡于元稹，俱名为元和体。"李肇用的词有些贬义，因为他觉得元和诗歌不合古格，而这正是元和诗人别于前人的原创性所在，白居易说"诗到元和体变新"，明人许学夷也说"元和诸公所长，正在于变"。

其他活跃在元和年间的诗人，如诗豪刘禹锡、诗鬼李贺、柳宗元、李绅、贾岛、李益等人，也都风格鲜明，成就很高，名诗佳句比比皆是。

唐代文学中被忽视的小说传奇创作，主要作者也都生活在元和时期。唐传奇指的是文言短篇小说，内容多记述一些奇闻趣事。"传奇"之名始于元稹。他的名作《莺莺传》原名《传奇》，宋人将其收入《太平广记》时改为《莺莺传》，后来唐人裴铏所著小说集也叫《传奇》。传奇的出现，标志着中国古代短篇小说趋于成熟。

唐传奇的发展以中唐为最，中唐又以元和为最，最优秀的作品几乎都出自这个时期。比如李公佐的《南柯太守传》《谢小娥传》《庐江冯媪传》，李朝威的《柳毅传》，陈鸿的《长恨歌传》，白行简的《李娃传》，蒋防的《霍小玉传》，元稹的《莺莺传》，牛僧孺的《玄怪录》，李复言的《续玄怪录》，袁郊的《甘泽谣》等名作。这些作品大都创作于元和年间或稍后（属于广义的元和文学），标志着唐代小说创作达到最高峰。这些作者都活跃于元和时期，他们共同为元和时期的文化成就添砖加瓦，一同铸就了辉煌的大唐中兴！

后记

　　如果问起中国古代社会的顶峰，相信很多人都会说是唐朝。汉代当然也很强大，但质朴而少文，总不够可爱。宋代经济繁荣而文事鼎盛，可爱有余却武力太弱。明清是封建专制的顶峰，总是给人压抑之感。只有大唐，人们一提起总滔滔不绝，隋唐英雄传，贞观之治，驰骋西域，开疆拓土，女皇武则天，开元盛世，丝绸之路，李白杜甫，田园诗派，边塞诗派……无论是文治、武功还是经济、版图，都足以令人自豪，开放包容、积极进取的大唐精神至今仍令人追怀，连那些女性配角都可以成为热播影视剧或畅销书的主人公，如太平公主、上官婉儿、杨贵妃……

没错，这些当然是大唐的绝世风范，放眼当时的世界，罕见其俦。但这只是大唐的前半叶，我们知道，一场安史之乱终结了封建时代最大的盛世。至于大唐后半叶的历史，很多人都所知寥寥，只知道安史之乱重创了大唐，但乱后的大唐到底如何，却并不十分清楚，或者知道但却选择性遗忘。是啊，谁愿意看到大唐辉煌后的黯淡、盛世后的衰落呢？何况竟然惨到皇帝多次出逃甚至被杀，藩镇割据跋扈，朝臣也互结朋党倾轧。

　　其实，唐代后半叶也有自己的精彩与传奇，特别是本书描写的元和中兴这段岁月，但知道的人并不算多。唐宪宗李纯，这位在史书中与唐太宗、唐玄宗并称的英明君主，如今名气还不如同时期的大文豪韩愈、白居易和柳宗元，其他如中兴名相裴度、李绛等人的知名度也远不如太宗朝房玄龄、杜如晦和玄宗朝姚崇、宋璟，这是不公平的，历史不应该厚此薄彼。元和中兴削平藩镇，重树中央权威，为大唐续命近百年，虽然不复盛唐的辉煌，但亦不乏阳光灿烂的日子，因此值得后人含着"历史的温情"而尊敬，值得被记忆和书写。

元和中兴在文化、文学上的成就也没有得到相应的地位。清代学者叶燮说："贞元元和时，韩、柳、刘、钱、元、白凿险出奇，为古今诗运关键。"钱钟书也说："唐之少陵（杜甫）、昌黎（韩愈）、香山（白居易）、东野（孟郊），实唐之开宋调者。"除了杜甫，其余几人都是元和诗人，而杜甫之所以能被广泛接受和学习，也正由于元和年间这些诗坛人物的推广之功。至于文起八代之衰的韩愈和柳宗元在元和年间发起的古文运动，更是影响深远，至于今时今日。

我的家乡至今还保留着长安的名字，随处可见的历史遗迹让我得以在埋头史书之余，亲自寻访故地故事，这是一种幸运，也是一种幸福。在我写作唐代历史文化散文集《长安古意》时，就对近旁的杜甫纪念馆、韩愈广场、少陵原柳宗元和杜牧的墓地等多次踏访，聊发思古之幽情。在本书写到杜甫、韩愈、柳宗元等人的命运多舛之时，我感同身受，不禁流下了泪水。

书中的插曲如李愬雪夜入蔡州，大唐秋妃杜秋娘，元白、刘柳的生死契阔，大唐平藩统一之战，等等，都是历史小说和影视剧的大好题材，可惜我还没有看到。大唐的后半叶，它的涅槃重生，奋发图强，重新崛起，甚至轰然倒塌，余音袅袅，都应该得到应有的重视与了解。

最后，我要感谢好友王向辉的指正，感谢西安曲江出版传媒股份有限公司的范婷婷、崔楠等编辑老师为此书付出的辛勤劳动。因水平有限，希望广大读者朋友批评指正。

张 立

2016 年 11 月 13 日